Weitere Titel findest du auf der letzten Seite >> >>

Rätselspaß mit
WAS IST WAS

Rätselhefte

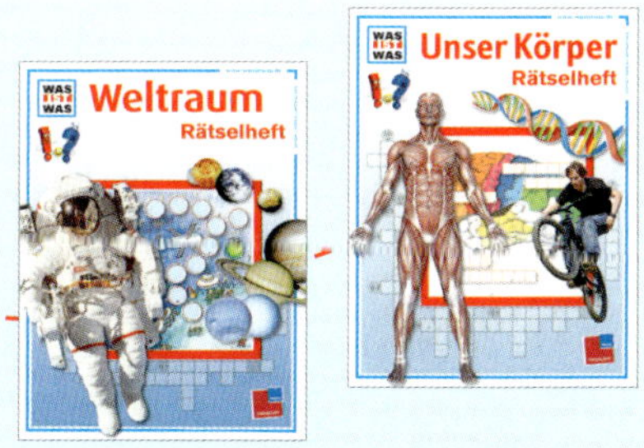

Quizblöcke

Ein WAS IST WAS Buch

Meereskunde

Von Rainer Crummenerl

Illustriert von Arno Kolb
und Marion Wieczorek

TESSLOFF

Vorwort

Die schier endlose Weite des Meeres und seine nahezu unergründliche Tiefe haben den Menschen schon von alters her magisch angezogen. Unerschrockene Seefahrer wagten sich immer weiter hinaus. Als Erste überquerten wohl die Wikinger den Atlantik. Die systematische Erkundung der Weltmeere begann allerdings erst im 15. Jahrhundert, als Spanier und Portugiesen einen Seeweg nach Indien suchten. Mit jeder kühnen Reise in die noch unentdeckte Welt gaben die Meere und Ozeane ein wenig mehr von ihren Geheimnissen preis.

Schon lange gehört das Zeitalter der großen geografischen Entdeckungen der Vergangenheit an. Vom einst so verehrten, aber auch gefürchteten Meer wissen wir heute um einiges mehr als damals: Seine größten Tiefen kennen wir nun, die Beschaffenheit des Meeresgrundes und seiner Bewohner, auch die Entstehung von Ebbe und Flut. Und uns ist bekannt, dass in den Tiefen des Meeres Gold, Uran und noch wertvollere Schätze verborgen sind. Darüber und über viele andere Ergebnisse und Aufgaben der Meeresforschung berichtet dieses WAS IST WAS-Buch.

Für die Meereskundler, die Ozeanografen, ist das Zeitalter der Entdeckungen nämlich noch lange nicht vorüber. Nach wie vor bergen die Tiefen der Meere und Ozeane Unerforschtes und Unbekanntes, noch immer gibt es Fragen ohne Antworten. Außerdem tragen wir Menschen nicht wenig dazu bei, dass unser Wissen vom Meer kein endgültiges, sondern ein fließendes ist: Wer kann heute schon sagen, wie das scheinbar grenzenlose Weltmeer morgen reagiert, wenn wir es weiterhin überfischen, mit Abwässern oder durch auslaufendes Öl verschmutzen und das Ozonloch immer größer wird. Die Meere und Ozeane sind in Gefahr – und damit auch unsere Zukunft.

MIX
Papier aus verantwortungsvollen Quellen
FSC® C084279
www.fsc.org

WAS IST WAS
BAND 32

Dieses Buch ist auf chlorfrei gebleichtem Papier gedruckt.

BILDQUELLENNACHWEIS:
FOTOS: AKG, Berlin: S. 40, 50; Alfred-Wegener-Institut für Polar- und Meeresforschung, Bremerhaven: S. 6/70, 16m; Bundesamt für Seeschifffahrt und Hydrographie (BSH), Hamburg: S. 11m; Bundesanstalt für Geowissenschaften und Rohstoffe (BGR), Hannover: S. 14/150; Corbis, Düsseldorf: S. 8, 9, 100m, 110, 130, 170, 21um, 22u, 28, 29ul, 31, 43ur, 45mr, 45u; DPA, Frankfurt: S. 7u, 21ul, 250, 26, 32u, 330, 39, 46, 47m; ESA: S. 11u; Focus, Hamburg: S. 10u, 13u, 16mr, 17u, 18, 23u, 24, 270, 33u, 34, 40, 41, 42, 43u; Getty Images, München: S. 6u, 18/19u, 23m; Greenpeace: S. 46/47u (Cunningham), 470 (Bostelmann); Jules' Undersea Lodge, Florida: S. 10or; Marine Turbines Ltd.: 44u; Ministerie van Verkeer an Waterstaat: S. 33m; Tessloff Verlag, Nürnberg: S. 4u, 12, 14/15 (Hintergrund), 150, 19ur, 20, 21ur, 21 (Hintergrund), 22m, 25u, 27u, 290, 29ur, 360 (Hai), 36m (Phytoplankton), 36u, 370, 37m, 39 (Hintergrund), 45ml, 48; TU Berlin, Institut für Land- und Seeverkehr, Fachgebiet Meerestechnik: S. 320; Wildlife, Hamburg: S. 14u, 360m, 370l, 37u, 38
COVERFOTOS: Getty Images LLC: P. Thorsvik (U-Boot); Shutterstock Images LLC: E. Shafer (Korallen), O. Khoroshunova (Taucher, Schildkröte), Kletr (Anemonenfisch)

COVERGESTALTUNG: Matthias Reinhard Grafik-Design

ILLUSTRATIONEN:
Arno Kolb, Ludwigshöhe: S. 13, 14/15u, 16, 17m, 20, 21, 23, 24, 40/41u; Matthias Reinhard, Nürnberg: S. 19, 31ol; Michaela Schneider, Nürnberg: S. 12, 18, 28; Marion Wieczorek, Hagen-Hohenlimburg: S. 1, 5u, 9, 17u, 30, 35, 40/410, 440

ISBN 978-3-7886-0272-7

Inhalt

Die Erforschung der Meere

Wie viel Wasser gibt es auf der Erde?

Fast drei Viertel der Oberfläche unseres Planeten sind von Wasser bedeckt, nur etwas mehr als ein Viertel besteht aus Land. Betrachtet man die Erde aus dem Weltall, erscheint sie uns wie ein blauer Planet.

Nahezu 97 Prozent des Wassers sind in den Ozeanen gesammelt, der Rest ist in Eis und Schnee, in Flüssen und Seen, aber auch versteckt in der Erde gespeichert. Allein der vom Weltmeer, also der Gesamtheit aller Meere und Ozeane, eingenommene Raum umfasst unvorstellbare 1,375 Milliarden Kubikkilometer. Wenn unser Planet ganz eben wäre, dann würde er ringsherum von einer über 2 500 Meter hohen Wasserschicht bedeckt sein.

Meereskundler teilen das Meer in drei mächtige und einen kleineren Ozean auf. Es sind der Stille oder der Pazifische, der Atlantische, der Indische und der Arktische Ozean. Auf dem Globus kann man sehen, dass beinahe die gesamte Südhalbkugel unserer Erde von einem einzigen Ozean, dem Pazifischen, beherrscht wird. Hier nimmt das Meer neun Zehntel der Fläche ein.

Auf dieser Weltkarte fasste der griechische Naturforscher Ptolemäus um 150 nach Christus das damalige Wissen über die Gestalt der Erdkugel zusammen.

Weil wir in Wirklichkeit auf Inseln eines Wasserplaneten leben, müsste die Erde eigentlich „Meer" heißen. Doch all das wussten die Menschen noch nicht, als sie den lateinischen Ausdruck „terra" für unseren Himmelskörper prägten. „Terra" bedeutet so viel wie „Erde".

Wann wurde das Weltmeer „entdeckt"?

Lange Zeit sahen die Menschen das Meer als einen ruhig dahinströmenden und tiefen Fluss an, der die Erdscheibe umfließt. Und obwohl sich schon vor über 2 500 Jahren kühne Seefahrer weit auf das unbekannte Meer hinauswagten, veränderten deren Erkenntnisse das Weltbild nur sehr langsam.

Fast drei Viertel der Erdoberfläche sind mit Wasser bedeckt. Unser Planet erscheint deshalb vom Weltall aus gesehen größtenteils blau.

Christoph Kolumbus suchte einen Seeweg nach Indien.

Pfadfinder der Meere

Als Christoph Kolumbus (1451 bis 1506) 1492 von seinem Flaggschiff „Santa Maria" aus die Neue Welt betrat, war er der festen Überzeugung, dass es sich um Indien handeln müsse. Aus diesem Irrtum heraus leitet sich die Bezeichnung „Indianer" für die ehemaligen Ureinwohner ab. Der erste Entdecker, der Indien mit dem Schiff erreichte, war Vasco da Gama (1469 bis 1524). Der Portugiese nutzte 1497 den von seinem Landsmann Bartholomeu Diaz zehn Jahre zuvor entdeckten Seeweg um das Kap der Guten Hoffnung (Südafrika).

Entscheidende geografische Entdeckungen gelangen erst gegen Ende des 15. und Anfang des 16. Jahrhunderts, als europäische Kaufleute und Seefahrer einen Seeweg nach Indien und China suchten. Begehrte Gewürze wollten sie von dort holen, aber auch Gold, Edelsteine und Seide. Die wohl bekannteste aller Entdeckungsreisen verbindet sich mit dem Namen Christoph Kolumbus. Der italienische Seefahrer entdeckte 1492 bei dem Versuch, einen direkten Seeweg nach Indien zu finden, Amerika.

Eine der erfolgreichsten Expeditionen begann am 20. September 1519 in der spanischen Hafenstadt San Lucar. Ihr Kommandant war Fernão de Magalhães, bekannt als Magellan. Der in spanischen Diensten stehende Portugiese wollte einen westlichen Seeweg zu den im Stillen Ozean liegenden Gewürzinseln, den Molukken, finden. Weder Stürme noch Krankheiten, weder Hunger noch Meuterei konnten ihn von seinem Vorhaben abbringen. Magellan überquerte mit seinen fünf Schiffen den Atlantik, folgte der südamerikanischen Küste weit nach Süden und entdeckte tatsächlich die ersehnte Durchfahrt in das andere große Meer – die Magellanstraße. Er segelte weit in den Pazifik hinein. Später fand Magellan auf den Philippinen in einer bewaffneten Auseinandersetzung mit Einheimischen den Tod.

Eines seiner Schiffe jedoch kehrte am 6. September 1522 unter der Führung des Steuermanns Elcano nach San Lucar zurück. Die erste Weltumsegelung war vollbracht. In westlicher Richtung hatte das Schiff die spanische Küste verlassen, von Osten her erreichte es wieder den heimatlichen Hafen. Magellans Waghalsigkeit ist es zu verdanken, dass man das Weltmeer nunmehr als ein einheitliches, untrennbares Ganzes erkannte. Endlich war der Beweis für die Kugelgestalt der Erde erbracht.

Der Portugiese Magellan startete 1519 eine Weltumsegelung, die nach seinem Tod auf den Philippinen von einem seiner Steuerleute vollendet wurde.

Was war die „Challenger“-Expedition?

Schon die ersten Seefahrer beobachteten das Meer aufmerksam und begannen, Seekarten anzufertigen und ihre Erfahrungen über Strömungen, vorherrschende Winde, Eis und Nebel zu sammeln. Weil es sich aber um zufällig zusammengetragenes Wissen handelte, war es den Seefahrern nicht allzu nützlich. Erst in der Mitte des 19. Jahrhunderts, als der amerikanische Marineoffizier Matthew Fontaine Maury die Beobachtungen zahlreicher Schiffsbesatzungen ausgewertet und sie zu Wind- und Strömungskarten zusammengestellt hatte, erhielten die Seeleute brauchbare Hilfsmittel.

Wesentliche Anstöße erhielt die Meeresforschung von der Frage nach dem Leben in der Tiefsee. Noch um die Mitte des 19. Jahrhunderts glaubte man, dass unterhalb von 750 Metern Tiefe weder pflanzliches noch tierisches Leben möglich sei. Als 1869 der britische Biologe Wyville Thomson während seiner Reise mit dem Schiff „Porcuoine“ jedoch Lebewesen in 15 000 Fuß Meerestiefe (etwa 4 600 Meter) entdeckte, war dies der Anlass zu einer sorgfältig geplanten Meeresexpedition rund um die Erde. Die Expedition mit der Dampfkorvette „Challenger“ stand unter Wyville Thomsons Leitung und begann am 21. Dezember 1872. Dreieinhalb Jahre später lief das umgebaute Kriegsschiff wieder in Portsmouth ein, vollgepackt mit unzähligen Pflanzen, Tieren und vielen Messwerten. Allein an 354 verschiedenen Stellen des Weltmeeres war die Tiefseefauna untersucht worden. Zu den Ergebnissen der Forschungsreise gehörten erste wissenschaftliche Erkenntnisse über Meeresströmungen und der endgültige Beweis, dass es in den tiefsten Tiefen der Ozeane noch Leben gibt.

Der Expeditionsbericht der „Challenger“ füllt zweiunddreißig dicke Bände. Verfasst wurde er von zahlreichen Biologen und Geografen, von Chemikern, Physikern und Geologen. Sie haben damit einen neuen Wissenschaftszweig begründet – die Ozeanografie.

Die 118 Meter lange „Polarstern“ ist das größte deutsche Forschungsschiff.

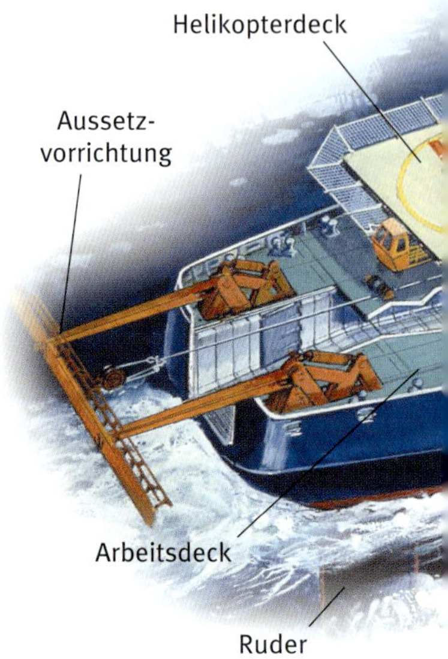

Die Forschungsreise der „Challenger“ gilt als erste echte ozeanografische Expedition. Im Labor des Schiffes untersuchten Wyville Thomson (im weißen Anzug in der Mitte) und seine Mitarbeiter die dem Meer entnommenen Proben.

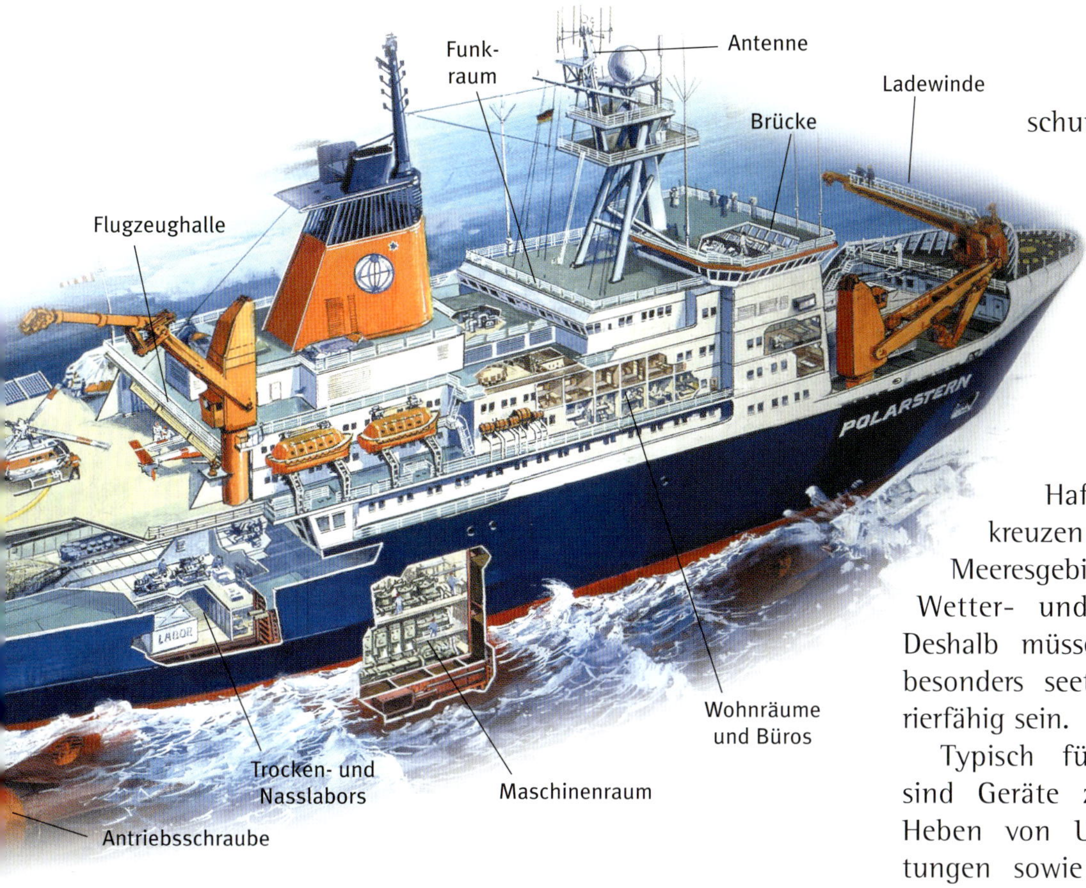

schungsschiffe und Schiffe zur Erkundung von Rohstoffen. Trotz unterschiedlichster Aufgaben haben die Schiffe eines gemeinsam: Sie fahren nicht nach einem bestimmten Plan von Hafen zu Hafen, sondern kreuzen oft monatelang in Meeresgebieten mit schwierigen Wetter- und Fahrtbedingungen. Deshalb müssen Forschungsschiffe besonders seetüchtig und manövrierfähig sein.

Typisch für Forschungsschiffe sind Geräte zum Absenken und Heben von Untersuchungsausrüstungen sowie geeignete Aussetz- und Schleppvorrichtungen zur Probennahme. Wertvoll sind auch Videogreifer und Fotoschlitten. Geräte zum Messen der Meerestiefe, meteorologische Beobachtungsanlagen, Satelliten-Empfangssysteme, Werkstätten und Hubschrauberplattformen vervollständigen die Ausrüstung.

Moderne Forschungsschiffe verfügen über schwingungsarme und gut schallisolierte Laboratorien. Werden sie als eine Art Container austauschbar gestaltet, dann lässt sich das Schiff sehr vielseitig einsetzen. Die meisten Forschungsschiffe werten heute ihre Messungen und Beobachtungen mithilfe von leistungsfähigen Computern aus.

Moderne Ausrüstung

Um gezielt Proben nehmen zu können, kommt heute der Video- oder TV-Greifer zum Einsatz. Das ist ein drei Tonnen schwerer Hydraulikgreifer. Ein Stahlseil verbindet ihn mit dem Forschungsschiff. Es enthält Kabel zur Steuerung und Beobachtung des Meeresbodens mittels Videokamera. Mit dem Fotoschlitten können größere Bereiche des Meeresbodens beobachtet und kartiert werden. Seine beiden Fotoapparate können jeweils rund 750 Dias belichten.

Wie ist ein Forschungsschiff heute ausgerüstet?

Das wichtigste Hilfsmittel der Ozeanografen sind heute ausschließlich für wissenschaftliche Zwecke gebaute Schiffe. Vor wenigen Jahrzehnten noch mussten die Meereskundler häufig Frachtdampfer oder Fischereischiffe für ihre Arbeit anmieten. Gelegentlich fuhren sie auch als forschende Passagiere auf Handelsschiffen mit.

Weltweit gibt es heute etwa tausend reine Forschungsschiffe. Dazu gehören Mehrzweckforschungsschiffe, Fischereiforschungsschiffe, Wetterforschungsschiffe, Polarfor-

Das Forschungsschiff „Sonne“ bei der Kartierung des Meeresbodens

Das Forschungsschiff „Meteor“ läuft zu einer Expedition aus.

Der Forschungs-Eisbrecher „Polar-Queen“ bahnt sich den Weg.

Das Vermessungs-, Wracksuch- und Forschungsschiff „Deneb“ läuft aus.

William Beebe und Otis Barton vor ihrer Tiefseekugel mit der nur 35 Zentimeter weiten Türöffnung

Dieser druckfeste Taucheranzug aus den 1930er-Jahren ließ nur wenig Bewegungsfreiheit.

Auguste und Jacques Piccard auf dem von dem Schweizer Physiker konstruierten Tauchboot.

Wann begann die Eroberung der Tiefsee?

Von den Tiefen der Ozeane wussten wir bis vor einigen Jahren noch sehr wenig. Erst als die Amerikaner William Beebe und Otis Barton 1934 südlich der Bermudas mit ihrer berühmt gewordenen Bathysphere 923 Meter tief tauchten, öffnete sich den Forschern die geheimnisvolle Welt der Tiefsee. Solche und größere Tiefen kann man nur in besonderen Tauchapparaten, die dem hohen Wasserdruck standhalten, erreichen: in der Tiefseekugel oder im Tauchboot.

Die Bathysphere von Beebe und Barton war eine stählerne Beobachtungskugel. Sie hatte einen Innendurchmesser von 1,37 Metern, war mehr als vier Tonnen schwer und wurde von einem Begleitschiff aus an einer Stahltrosse in die Tiefe hinabgelassen. Zusammengekauert hockten die Forscher in ihrer engen Kammer. Ein Scheinwerfer leuchtete durch die dicken Quarzfenster hinaus in die unbekannte Unterwasserwelt. „Kein Kundschafter auf dem Mars kann eine größere Aufregung verspüren“, schrieb Beebe in seinem Tagebuch.

Frei beweglich ist der Bathyskaph. Von Schiffsschrauben und Elektromotoren angetrieben, dringt das U-Boot der Tiefsee in ungeheure Meerestiefen vor. Es besteht aus einer kleinen, druckfesten Kabine für die Besatzung und aus einem großen Auftriebskörper. Entwickelt wurde es von dem Schweizer Physiker Auguste Piccard, der mit seiner Tauchkugel „Trieste“ 1954 an der italienischen Küste auf 3 170 Meter hinabtauchte. Piccards Sohn Jacques und der Amerikaner Don Walsh erreichten am 23. Januar 1960 mit dem Bathyskaph „Trieste II“ im Marianengraben (Südsee) in 10 916 Metern Tiefe den Meeresboden. In eine größere Meerestiefe ist bisher noch kein Mensch vorgedrungen.

Mit dem Tauchpanzer „Newtsuit“ kann in bis zu einer Tiefe von 800 Metern bei Oberflächendruck gearbeitet werden.

Jacques-Yves Cousteau führt die Funktionen der Aqualunge vor.

AQUALUNGE

Die ersten Taucherausrüstungen erlaubten keinen allzu großen Bewegungsspielraum. Das änderte sich mit dem von dem späteren französischen Tiefseetaucher Jacques-Yves Cousteau entwickelten Unterwasseratmungsgerät. Der Lungenautomat besteht aus bis zu drei auf dem Rücken getragenen Pressluftflaschen. Die Luft wird über ein Ventilsystem zum Mund des Tauchers geführt. Die Aqualunge sorgt für eine kontinuierliche Luftzufuhr und passt den Druck automatisch dem Wasserdruck an.

Mit einem Kran wird das russische Tauchboot „Mir 1“ aus dem Wasser gehoben. Es war auf einem Tauchgang zum Wrack der „Titanic“ unterwegs.

Was leisten moderne Tauchboote?

Im Jahr 1985 ging eine sensationelle Meldung um die Welt. Der amerikanische Tiefseeforscher Robert Ballard hatte das Wrack der 1912 im Atlantik gesunkenen „Titanic“ entdeckt und fotografiert. Ein Jahr später landete er sogar auf dem Deck des berühmten Luxusdampfers und erkundete zahlreiche Einzelheiten. Die „Titanic“ liegt in einer Tiefe von 3 740 Metern.

Ballards Reise zum Meeresboden fand in dem Tauchboot „Alvin“ statt. Es besteht aus einer von Motoren, Ballasttanks, Steuerungsdüsen und wissenschaftlicher Ausrüstung umgebenen Titankugel. Ihr Inneres ist vollgestopft mit Elektronik und Lebenserhaltungssystemen für die dreiköpfige Besatzung. „Alvin“ kann bis in 6 000 Meter Wassertiefe hinabtauchen.

Ähnliche Tiefen erreichen die beiden russischen Tauchboote „Mir 1“ und „Mir 2“. Ihre Greifarme und Sammelbehälter ermöglichen es, Wasser- und Bodenproben zu entnehmen sowie Tiere und Kleinstorganismen einzusammeln. Die Kabine der beiden Boote misst zwei Meter im Durchmesser. In ihr können zwei Piloten und ein Wissenschaftler die Reise in die Tiefsee antreten. Vier Zentimeter dicke Stahlwände halten dem enormen Druck in großen Wassertiefen stand.

Moderne Tauchboote verfügen gewöhnlich über mehrere Richtpropeller. Sie verleihen dem Boot unter Wasser eine große Manövrierfähigkeit. Mit seinen Greifwerkzeugen lassen sich nicht nur stärkste Stahlkabel durchtrennen, sondern auch sehr zerbrechliche Gegenstände halten. Manche Tauchboote verfügen auch über Druckkammern und Druckschleusen. Die Taucher können so

Das Tauchboot „Alvin“ erreichte 1985 als erstes das Wrack der „Titanic“. Das Boot kann drei Personen aufnehmen. Sie sitzen in einer Titankugel und schauen durch drei kleine, dick verglaste Luken.

das Boot verlassen und wieder zurückkehren. Solche Boote eignen sich allerdings nicht für den Einsatz in großen Tiefen.

Ihr eigener, von Batterien betriebener Antrieb macht die Tauchboote vom Mutterschiff unabhängig. Dieser Batteriebetrieb führt jedoch zu einer zeitlichen Einschränkung der Tauchfahrt. Bei einem Einsatz in etwa 3 000 Meter Wassertiefe verbleiben der Besatzung nur etwa sechs Stunden Verweilzeit am Meeresboden. Deshalb werden zunehmend ferngesteuerte Roboter zur Erkundung der Tiefsee eingesetzt.

Was sind Tauchroboter?

Als das deutsche Forschungsschiff „Polarstern" 1999 zu seiner 15. Arktisexpedition aufbrach, befand sich erstmals „VICTOR 6 000" mit an Bord, ein ferngesteuertes Tiefseefahrzeug. Das sogenannte Remotely Operated Vehicle (ROV) ist ein unbemanntes Tauchboot. Es kann bis zu 6 000 Meter tief tauchen und dort mehrere Tage lang arbeiten. Das vier Tonnen schwere Fahrzeug war mit der „Polarstern" über ein 8 000 Meter langes Tiefseekabel verbunden. Eigene Antriebssysteme sorgten dafür, dass sich das Boot aktiv und zielgerichtet am Meeresboden bewegen konnte. „VICTOR 6 000" verfügt über sieben Multifunktionsarme, sogenannte Manipulatoren. Mit ihnen können wissenschaftliche Geräte am Meeresboden gezielt abgesetzt und leere Behälter mit Probenmaterial aufgefüllt werden. Ferngesteuerte Kameras ermöglichen Datenübertragungen in Echtzeit.

Selbst kleine Trümmerteilchen kann der amerikanische Tauchroboter „Deep Drone ROV" aus dem Meer bergen.

Unterwasserroboter wie „VICTOR 6 000" werden immer häufiger in der Meeresforschung eingesetzt. Dennoch geht der Trend zur Entwicklung von Autonomous Underwater Vehicles (AUV), eigenständigen Tauchrobotern. Völlig unabhängig vom Mutterschiff und ausgerüstet mit modernster Messtechnik, erledigen diese Roboter selbstständig die zuvor programmierten Aufgaben.

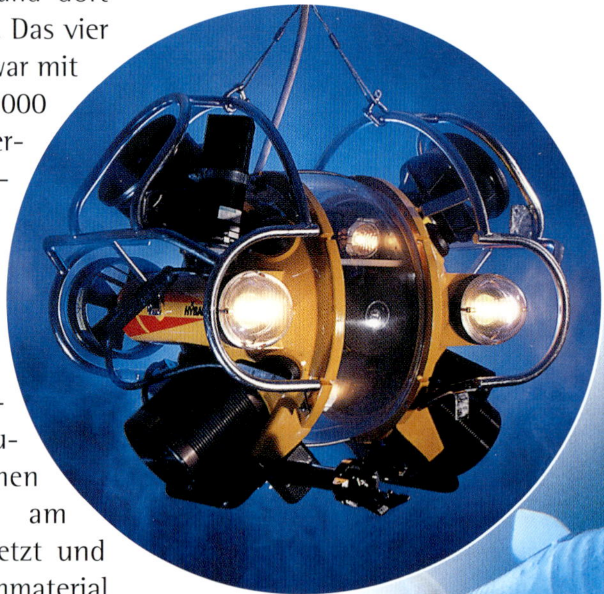

Mit starken Scheinwerfern ausgerüstet ist dieser Tauchroboter. Vier Propeller dirigieren ihn in jede gewünschte Richtung.

Die ehemalige Unterwasserstation La Chalupa Research Laboratory in Florida dient heute als Unterwasserhotel.

Unterwasserstationen werden heute neben Tauchfahrzeugen von Meeresforschern für ihre Arbeit genutzt. In Tiefen bis zu 100 Metern können sie längere Zeit Forschung auf dem Meeresboden betreiben. Damit die Wände der Stationen nicht zusammengedrückt werden, ist der Luftdruck im Inneren dem Wasserdruck außerhalb angeglichen. Die Behälter aus Stahl oder Kunststoff enthalten Wohn- und Schlafräume, Küche, Duschen, Toiletten, Werkräume und Laboratorien.

Achtzig Zentimeter lang ist dieser funkferngesteuerte und von Elektromotoren angetriebene Roboterfisch. Der Kopf des „Biobots" besteht aus Glasfiber, die Haut aus Chemiefasern.

In dieser Druckkammer können Tauchgänge in bis zu 700 Metern Tiefe simuliert werden.

Der erste autonome Tauchroboter nahm in Japan den wissenschaftlichen Betrieb auf. Das etwa drei Meter lange Gerät ist in der Lage, selbstständig Wale zu orten und eine Zeit lang zu begleiten, um dann mit den gesammelten Daten wieder aufzutauchen.

Andere Wissenschaftler arbeiten an „biologischen Robotern". Weil die „Biobots" den Meeresbewohnern bis ins Detail nachempfunden sind, eignen sie sich auch für komplizierteste Arbeiten unter Wasser. Der erste tatsächlich funktionierende Roboterfisch war der Nachbau eines 1,2 Meter langen Thunfischs. „Charlie" besteht aus 2 843 Teilen. Er ist mit 40 Metallrippen, einem künstlichen Rückgrat und einer Kunststoffhaut ausgestattet.

Eines Tages werden andere künstliche Fisch-Roboter selbstständig Ölplattformen warten, die Wasserverschmutzung messen, in großen Tiefen geologische Untersuchungen durchführen und ihre lebendigen „Artgenossen" auf langen Reisen durch die Weltmeere begleiten – um neue meeresbiologische Erkenntnisse zu gewinnen.

Meeresforschung aus dem Weltall

Ständig sammeln Forschungsschiffe und Messstationen rund um den Erdball ozeanografische Informationen. Diese Messungen sind aber angesichts der Größe des Weltmeeres nur winzige Stichproben. Erst der Einsatz von künstlichen Erdsatelliten ermöglichte es den Forschern, weite Meeresgebiete auf einmal zu erfassen und zu messen.

Die Meeresforschung aus dem All begann 1978 mit dem Start des amerikanischen Satelliten SEASAT 1. Innerhalb von 36 Stunden hatte er 95 Prozent der Fläche des Weltmeeres abgetastet. Die Ergebnisse seiner Messungen funkte er zur Erde zurück. SEASAT 1 war es gelungen, aus 790 Kilometern Höhe die Oberflächentemperatur der Meere zu messen, ihre Eisbedeckung aufzuzeichnen und die Höhe und Richtung von Wellen festzustellen. Aus dem Farbton des Wassers konnten Meeresbiologen Erkenntnisse über die Lebewesen in unterschiedlichen Meeresgebieten gewinnen.

Andere Missionen folgten. Seit 2001 beziehungsweise 2008 vermessen die Satelliten „Jason 1" und „Jason 2" (USA/Frankreich) unaufhörlich Meeresströmungen und Wellengang. Eine neue Generation von Instrumenten hat auch der 2002 gestartete Umweltsatellit ENVISAT der Europäischen Weltraumorganisation ESA an Bord.

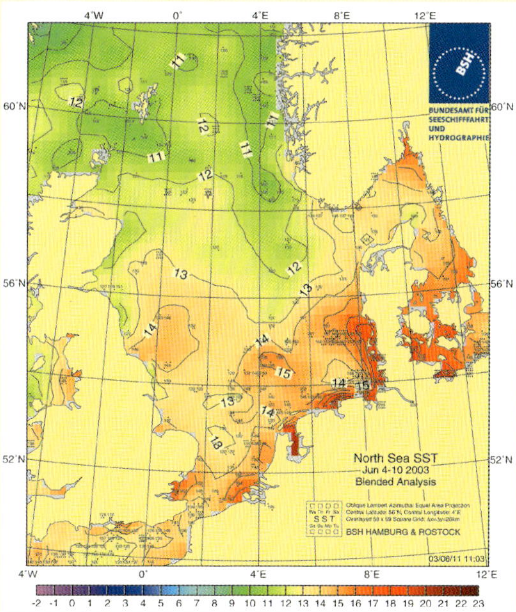

Von Satelliten gesammelte Daten haben diese Karte der Oberflächentemperatur der Nordsee ermöglicht.

Das Gerät kann unter anderem Ozeanwirbel erkennen, den Verlauf von Unterwasserströmungen messen, Wellenhöhen auf hoher See mit einer Genauigkeit von 25 Zentimetern bestimmen, Treibeis sichten und die Oberflächentemperatur der Meere auf ein halbes Grad bestimmen. Im Zusammenspiel mit einem französischen Satelliten beobachtet und vergleicht ENVISAT sogar die sich ständig verändernde Höhe der Meeresspiegel. Aus der Fülle von Informationen, die ihnen die Satellitenbeobachtung der Ozeane liefert, wollen die Wissenschaftler neue Ozeanmodelle formen. Sie sollen ihnen helfen, den weltweiten Klimawandel besser zu verstehen und in Teilen sogar vorauszusagen.

Acht Tonnen schwer ist der ENVISAT der Europäischen Weltraumorganisation ESA.

Der Meeresraum

Was unterscheidet Ozeane und Nebenmeere?

Von den Landmassen der Erde werden die Wassermassen des Weltmeeres in drei große und einen kleineren Ozean gegliedert – in den Pazifischen, den Atlantischen, den Indischen und den Arktischen Ozean. Darüber hinaus betrachten manche Ozeanografen den Wassergürtel, zu dem sich die großen Ozeane im Süden der Erde vereinigen, als fünften Ozean. Es ist der Antarktische Ozean.

Größter der vier Ozeane ist der Pazifik oder Stille Ozean. Er dehnt sich zwischen Amerika, Asien, Australien und Antarktika aus und bedeckt etwa ein Drittel der Erdoberfläche. Zweitgrößtes Gewässer der Erde ist der Atlantik, der sich zwischen den Westküsten Europas und Afrikas sowie der Ostküste Amerikas erstreckt. Etwas kleiner ist der Indische Ozean oder Indik. Er liegt zwischen Südostasien im Norden und Antarktika im Süden; im Westen reicht er bis an die Küsten Ostafrikas, im Osten bis an die Westaustraliens. Zu zwei Dritteln von Eis bedeckt ist der Arktische Ozean. Er umschließt den Nordpol und berührt Europa, Asien und Nordamerika. Weil ihn breite und tiefe Wasserstraßen vor allem mit dem Atlantik verbinden, wird er auch den Nebenmeeren dieses Ozeans zugerechnet.

Als Nebenmeere bezeichnen Ozeanografen all jene Teile des Weltmeeres, die durch Inseln und Halbinseln vom offenen Ozean abgetrennt sind. Dabei unterscheidet man Mittelmeere und Randmeere. Mittelmeere sind durch enge Wasserstraßen mit den Ozeanen verbunden. Randmeere werden oft durch bogenförmige Inselketten vom offenen Ozean abgeschirmt.

Sieben Weltmeere

Bereits in der Antike teilte man die bis dahin bekannten Weltmeere willkürlich in sieben auf. Im Altertum waren dies das Europäische Mittelmeer, der Persische Golf, das Rote Meer, das Ostafrikanische Meer, das Westafrikanische Meer, der Indische Ozean und das Chinesische Meer. Später, im 16. bis 18. Jahrhundert, entschied man sich für diese Einteilung: Nördliches und Südliches Eismeer, Nordatlantischer und Südatlantischer Ozean, Nord- und Südpazifik und Indischer Ozean.

An den meisten Stellen sind die Ozeane zwischen 3 000 und 4 000 Meter tief. Aber im Meeresboden öffnen sich auch steil abfallende Schluchten und Spalten, die Tiefseegräben.

Wie tief ist das Weltmeer?

Den ersten Tiefseegraben mit einer Tiefe von 8 513 Metern entdeckten 1874 die Seeleute des amerikanischen Vermessungsschiffes „Tuscarora" nordöstlich von Japan. Heute trägt dieser Meeresteil die Bezeichnung Kurilengraben. Am tiefsten aber ist das Weltmeer südöstlich der Marianen, einer Inselgruppe im Pazifischen Ozean. Dort, im Marianengraben, stellten die Messgeräte des sowjetischen Forschungsschiffes „Witjas" 1957 eine Tiefe von 11 034 Metern fest. Zum Vergleich: Die Nordsee ist durchschnittlich nur 94 Meter tief.

Flach und oft von Licht durchflutet sind die Schelfmeere. In ihnen entwickelt sich üppiges Leben.

Was ist ein Schelfmeer?

Die Kontinente, die großen geschlossenen Landmassen unserer Erde, steigen nicht als schroffe Mauern aus den Tiefen der Ozeane auf. Sie werden von einem bis zu 200 Kilometer breiten Sockel gesäumt, der während der letzten Eiszeit – vor etwa 10 000 Jahren – noch über dem Meeresspiegel lag. Durch das Abtauen der Eismassen stieg der Meeresspiegel allmählich an, und die Außenkanten des Festlandes, die Schelfe, wurden

Das Echolot

Die Tiefe des Meeres wird mit dem Echolot gemessen. Dieses Gerät sendet Schallwellen zum Meeresgrund, die als Echo zurückgeworfen und von einem Empfänger aufgenommen werden. Echolote arbeiten mit vom Menschen nicht hörbaren Schall. Die sogenannten Ultraschallwellen pflanzen sich unter Wasser mit einer Geschwindigkeit von 1 500 Metern in der Sekunde fort. Aus ihrer Laufzeit vom Schiff zum Meeresboden und zurück ermittelt das Echolot die Meerestiefe sehr genau.

Eine Erfassungsbreite von über 3 Kilometern hat das unter dem Vermessungsschiff angeordnete Fächerlot (1). Mit dem nachgeschleppten Sonargerät GLORIA (2) lässt sich ein bis zu 60 Kilometer breiter Streifen des Meeresbodens abbilden. Das Seitensicht-Sonargerät SeaMARC I (3) eignet sich für Wassertiefen bis 9 000 Meter. Es wird dicht über den Meeresboden geschleppt und hat eine Erfassungsbreite von 6,5 Kilometern. Der am Ende der Schleppleine angebrachte sogenannte Depressor (4) dient als Gewicht.

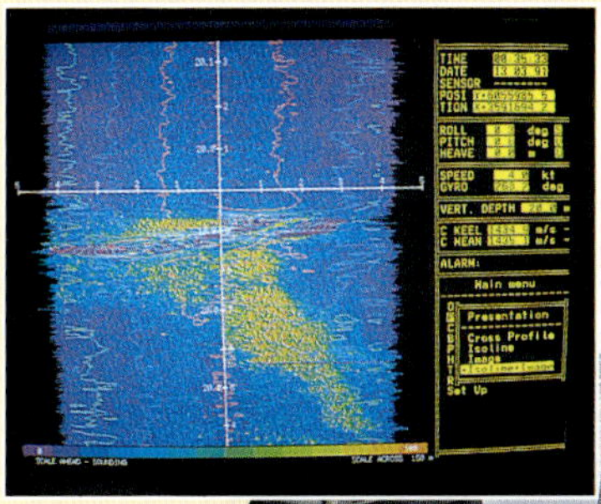

Geringe Meerestiefen zeigt das Echolot auf dem Monitor gelblich, große Tiefen blau an.

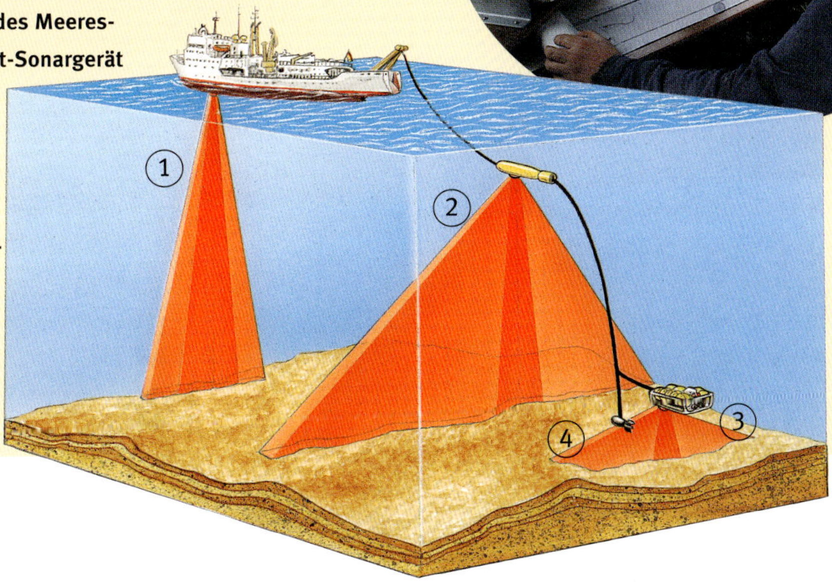

vom Wasser bedeckt. Es entstanden 60 bis 200 Meter tiefe Meere, die Schelfmeere. Den Schelfmeeren schließen sich die Kontinentalabhänge und dann erst der Tiefseemeeresboden an.

In den flachen und oft lichtdurchfluteten Schelfmeeren entwickelt sich ein üppiges pflanzliches und tierisches Leben. Hier, wo die vielen Algen riesige Unterwasserwiesen bilden, finden die Fische reichlich Nahrung; deshalb zählen die Schelfgebiete zu den wertvollsten Fischgründen.

Die bedeutendsten Schelfe der Erde erstrecken sich vor Neufundland, Sibirien, Nordwesteuropa, Westaustralien und den Sundainseln. Auch die Nordsee und die Ostsee sind reine Schelfmeere. Dagegen wird Afrika ebenso wie die Westseite Amerikas von keinen oder nur schmalen Schelfen gesäumt.

Wie sieht der Kontinentalabhang aus?

In einer Tiefe von etwa 200 Metern fällt das Schelf plötzlich steil bis zum Grund der Tiefsee ab. Erst hier beginnt der wirkliche Meeresboden. Der Schelf- oder Kontinentalabhang, so nennt man diesen Rand der „Schüssel“ Ozean, senkt sich gewöhnlich 3 000 bis 4 000 Meter in die Tiefe.

Seit Langem wissen wir, dass in die Kontinentalabhänge gigantische, oft mehrere hundert Meter tiefe Furchen eingekerbt sind. Ihr Gefälle erinnert an die Wildbäche unserer Gebirge. Einige der unterseeischen Cañons bilden die Fortsetzung großer Flusstäler, beispielsweise von Kongo, Hudson oder Ganges. Die meisten anderen aber haben sich weitab von jeglichen Flussmündungen in den Abhang eingegraben. Sie entstanden durch sogenannte Trübeströme. Das sind mächtige Schlammlawinen, die den Kontinentalabhang hinabgleiten und sich dabei über Millionen von Jahren ebenso einschneiden wie ein Fluss ins Gebirge.

Am Kontinentalabhang hat das Meer ganz andere Lebensformen als im Schelf hervorgebracht. Hier gibt es kein Licht und deshalb auch keinen Pflanzenwuchs mehr; die Böschungen sind die Lebensräume räuberischer und seltsamer Tiere.

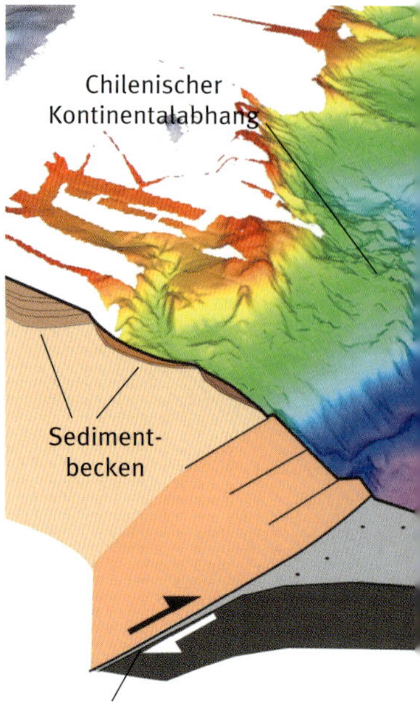

Die sogenannte Nazca-Platte schiebt sich unter die Südamerikanische Platte.

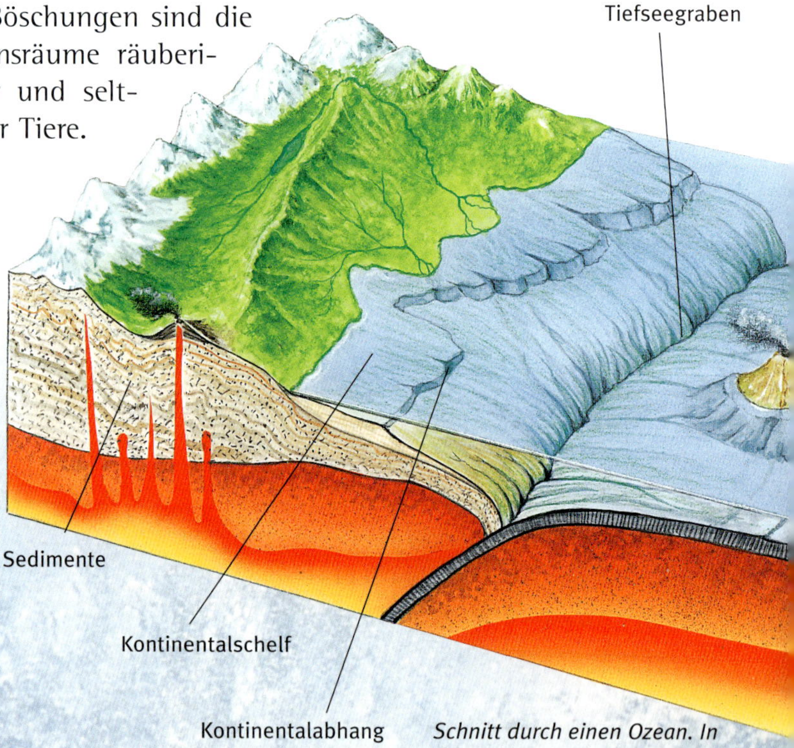

Schnitt durch einen Ozean. In der ewigen Nacht der Tiefsee verbirgt sich eine gegliederte Landschaft aus Ebenen, Gebirgen, Vulkanen und gewaltigen Gräben.

Weit geöffnete Mäuler und große, gebogene Zähne verleihen vielen in größeren Tiefen lebenden Fischen ein furchterregendes Aussehen.

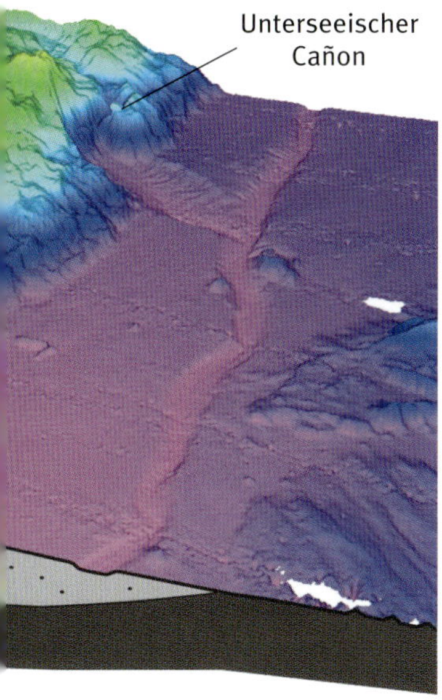

Schmal und mit tiefen Einschnitten versehen ist der Kontinentalabhang vor Chile. Die Echolotaufnahme wurde an Bord des Forschungsschiffs „Sonne“ gemacht.

Wo beginnt die Tiefsee?

Bei 500 bis 1000 Metern unter dem Meeresspiegel beginnt die Tiefsee. Ihre Temperatur liegt bei zwei bis vier Grad Celsius und es ist stockdunkel; schon ab 300 Metern dringen nur noch vier Prozent des Sonnenlichts in die Tiefe. Mit ihr steigt auch der Druck im Wasser stark an: alle zehn Meter um etwa ein Bar. In 3000 Metern Tiefe herrscht ein hydrostatischer Druck von 300 Bar – das ist, als würden auf einer Fläche von der Größe unseres Brustkorbes 386 Elefanten stehen. Forscher unterscheiden vier Tiefseezonen:

Twilight Zone: bis 1000 Meter Tiefe. Die hier lebenden Tiere sind daran angepasst, möglichst viel zu sehen, ohne dabei selbst gesehen zu werden.

Bathyal: die „tiefe“ Zone. Sie liegt zwischen 1000 und 4000 Metern. Das einzige Licht, das hier zu sehen ist, wird von den Tiefseebewohnern selbst produziert.

Abysal: die „bodenlose Tiefe“. Das Abysal liegt zwischen 4000 und 6000 Metern Tiefe.

Hadal: Diese Zone ist nach der griechischen Unterwelt Hades benannt. Sie liegt zwischen 6000 und 11000 Metern Tiefe.

Die an Pflanzen erinnernden Seelilien gehören zum Stamm der Weichtiere. Sie sind vor allem in der Twilight Zone zu Hause.

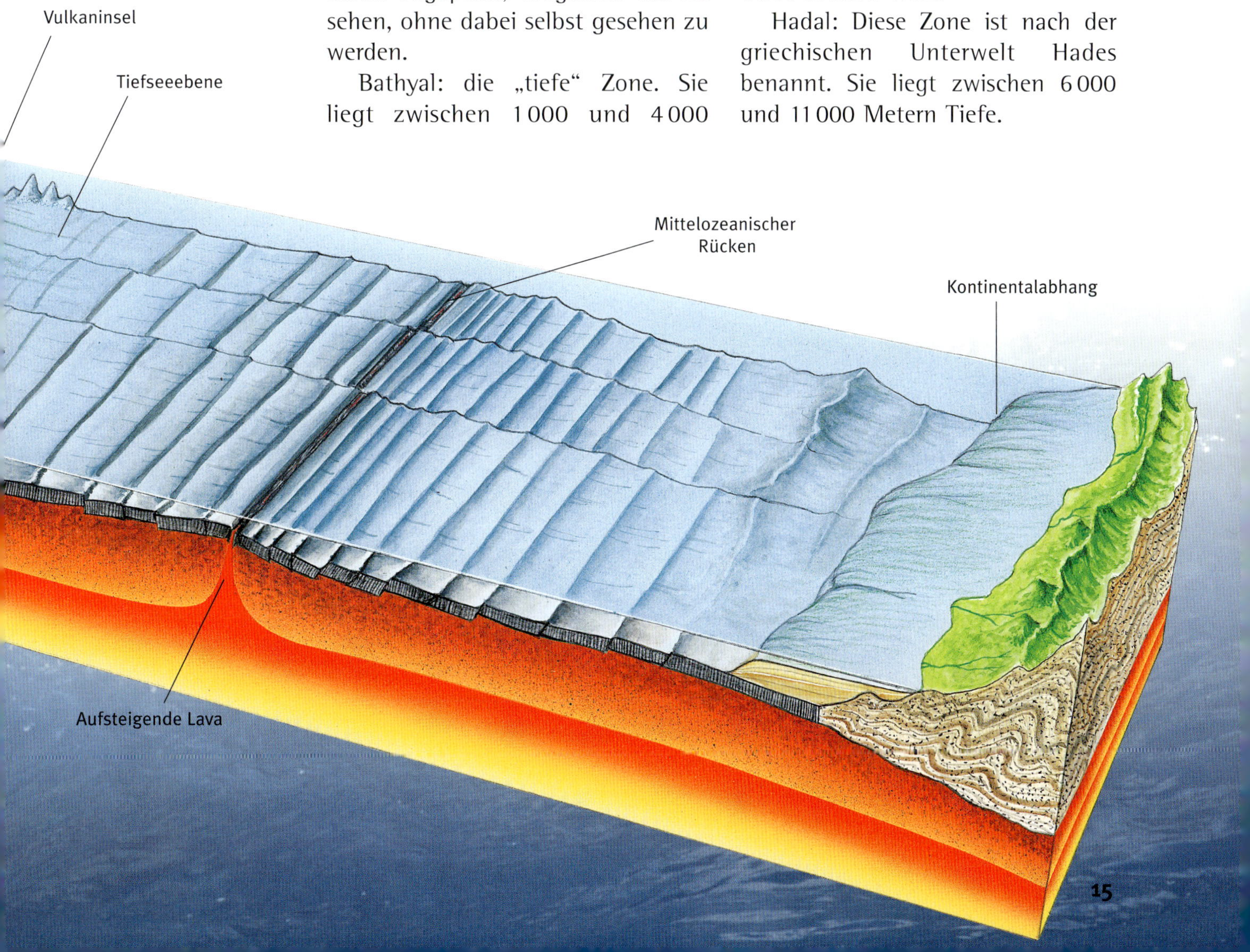

Der Meeresboden

Ablagerungen

Einer der wasserreichsten Flüsse unseres Planeten ist der Huanghe in China. Wenn heftige Regenfälle seine Wassermassen anschwellen lassen, dann schwemmt er Tausende von Tonnen gelben Löss, eine lehmige Erdart, ins Meer. Huanghe bedeutet Gelber Fluss, und das Meer, das sich von seinen Lössströmen trübt, heißt Gelbes Meer.
Aber auch andere Flüsse und Ströme transportieren unablässig Schlamm, Sand und sogar Steine ins Meer – mehr als 20 Milliarden Tonnen im Jahr. Schwere Teile, wie Geröll und grober Sand, lagern sich gewöhnlich schon in den Mündungsgebieten der Flüsse ab. Den feinen und leichten Sand dagegen spült die Strömung weit ins Meer hinaus. Er setzt sich auf dem Grund des Schelfes ab. Die feinsten und leichtesten Teilchen aber schweben am längsten. Sie sinken mitunter erst in der Tiefsee, am Fuß des Kontinentalabhangs, zu Boden. Sedimente, so nennt man die Stoffe, die sich auf dem felsigen Meeresboden abgelagert (sedimentare: lateinisch für „ablagern“) haben, sind aber auch Wüstenstaub und Vulkanasche. Sie werden vom Wind auf das Meer hinausgeweht.
In den tiefen Ozeanbecken allerdings besteht die Sedimentschicht vor allem aus den Überresten winziger, abgestorbener Lebewesen: Tag und Nacht sinken ihre Schalen und Skelette auf den Grund des Meeres. Manche von ihnen erreichen schon nach wenigen Tagen den Meeresboden. Andere benötigen dafür viele Jahre. Die pausenlos herabsinkenden Gehäuse ließen im Laufe der Zeit gewaltige Sedimentschichten anwachsen. Nicht wenige von ihnen sind Hunderte, manche auch Tausende von Metern dick. Sedimentablagerungen kann man sogar auf dem Festland bestaunen. Am auffälligsten sind sie an der Ostseeküste – die Kreidefelsen von Rügen.

Die berühmten Kreidefelsen auf der Insel Rügen

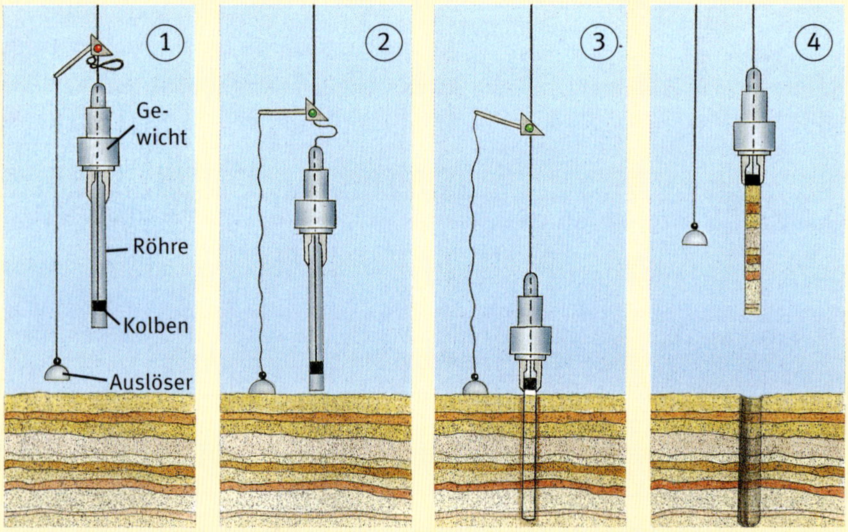

Arbeitsweise des Kolbenlots: 1. Das Lot wird abgesenkt. 2. Auslöser gibt das Lot frei. 3. Der zurückgeworfene Kolben erzeugt einen Unterdruck. 4. Lot wird mit Probe eingeholt.

Häufig werden Sedimentproben mit dem Kastengreifer genommen.

Erforschung von Sedimenten

Sedimentproben lassen sich mit verschiedenen Geräten gewinnen. Neben dem Greifer ist das Kolbenlot am gebräuchlichsten. Es wird tief in den Meeresboden gestoßen und saugt Bodenproben an. Sedimente aus größeren Tiefen lassen sich nur durch Bohrungen gewinnen. Instrumente der akustischen Fernerkundung des Meeresbodens dagegen sind die Sedimentecholote. Sie befinden sich entweder am Schiffsrumpf oder werden über den Meeresboden geschleppt. Die Art der akustischen Signale, die vom Meeresboden zurückgeworfen werden, lässt Rückschlüsse auf Sedimentbedeckung und Sedimenttyp zu.

Berge und Täler

Noch vor gar nicht langer Zeit nahmen die Forscher an, der Tiefseeboden sei eben wie ein Tisch. Die Ablagerungen, so glaubten sie, müssten ihn im Laufe der Jahrmillionen eingeebnet haben. Durch Echolotungen wissen wir aber, dass die Unterwasserlandschaft nicht nur aus Ebenen und Hügeln, sondern auch aus Bergen, Tälern, Schluchten und sogar Gebirgszügen besteht.
Im mittleren Teil des Atlantiks zum Beispiel erhebt sich ein mächtiger Gebirgsrücken, der den Ozean in zwei Hälften teilt, der Mittelatlantische Rücken. Diese

unterseeische Kette von Felsen, spitzen Graten und tiefen Schluchten erstreckt sich von Süden nach Norden über nahezu 18000 Kilometer. Ihr höchster Gipfel, die Azoreninsel Pico Alto, ragt fast 9000 Meter vom Meeresgrund auf, 2345 Meter davon befinden sich über dem Meeresspiegel.

Auch die meisten anderen Inseln sind Spitzen unterseeischer Gebirge. Die ozeanischen Rücken sind 500, mitunter sogar 1000 Kilometer breit und im Durchschnitt 3000 Meter hoch. Ihre Gesamtlänge beträgt mehr als 60000 Kilometer. Den Kamm eines jeden ozeanischen Rückens durchziehen etwa 30 Kilometer breite und zwei Kilometer tiefe Risse, die Rifttäler. An diesen Stellen drücken gewaltige Kräfte den Ozeanboden langsam auseinander. Tauchbootbesatzungen haben in den Siebzigerjahren des vergangenen Jahrhunderts in einigen Rifttälern offene Spalten und riesige Kissen aus frisch erstarrter Lava entdeckt. Seitdem wissen wir, dass hier das tief aus der Erde quellende Gestein neuen Meeresboden bildet.

Auch Einzelberge kommen in den Ozeanen vor. Sie steigen steil aus den Ebenen der Tiefsee auf. Viele ihrer flachen Gipfel scheinen wie mit dem Messer abgeschnitten. Diese Unterwasserberge, die nach dem Schweizer Naturforscher Arnold Guyot als Guyots bezeichnet werden, sind längst erloschene Vulkane, die vermutlich einst über den Meeresspiegel hinausragten. Im Laufe der Jahrtausende flachte die Brandung ihre Gipfel ab. Später sanken sie mit dem Meeresboden in die Tiefe.

Weitab von allen unterseeischen Gebirgen, am Rande der Kontinente, haben sich in 3000 oder 4000 Metern Tiefe V-förmige Rinnen in den Meeresboden gesenkt, die Tiefseegräben. Oft sind sie über 1000 Kilometer lang und bis zu 60 Kilometer breit. Die meisten Tiefseegräben liegen im Pazifik, drei im Atlantik und einer im Indischen Ozean. Viele von ihnen erreichen Tiefen zwischen 8000 und 11000 Metern. Sie sind durch großräumige Bewegungen der Erdkruste entstanden.

Island ist Teil des Mittelatlantischen Rückens. Er verläuft hier über dem Meeresspiegel.

Unten: So entsteht ein Guyot: 1. Korallen bauen am Ufer einer Vulkaninsel ein Saumriff auf.

2. Die Insel sinkt, aber das Riff wächst. Ein Wall- oder Barriereriff entsteht.

3. Später bildet sich ein Atoll mit Lagune.

4. Zuletzt versinkt auch das Riff.

Heisse Quellen

Entlang der „Rift Valleys", der tiefen Täler inmitten der mittelozeanischen Rücken, sprudeln in mehreren Tausend Metern Tiefe heiße Quellen, sogenannte Hot Vents. Sie entstehen, wenn in tektonisch aktiven Gebieten kaltes Seewasser durch Risse im Meeresboden in die Zone flüssigen Gesteins eindringt, auf 400 Grad Celsius erhitzt wird, wieder nach oben wandert und dabei zahlreiche Stoffe wie Mineralien und Salze aufnimmt. Aus sogenannten Krateröffnungen (Vents) oder Kaminen wird es ausgestoßen. Der bisher größte entdeckte Kamin „Godzilla" hatte die Größe eines 15-stöckigen Hauses. Speien die Kamine nahezu schwarzes, weil stark eisensulfathaltiges Wasser aus, nennt man sie „Black Smokers" (Schwarze Raucher).

Ein Schwarzer Raucher speit schwarzes, stark eisensulfathaltiges Wasser aus.

Rechts: Rund um die „Schwarzen Raucher" leben riesige Röhrenwürmer. Bakterien liefern ihnen lebenswichtige Nährstoffe.

Das Meerwasser

Woher kam das Wasser der Erde?

Die Oberfläche unserer Erde befand sich vor über vier Milliarden Jahren noch in einem flüssigen Zustand. Heiße Gase stiegen aus ihr auf und bildeten zusammen mit der verdampften Materie eingeschlagener Meteoriten die erste Atmosphäre. Sie bestand im Wesentlichen aus Kohlendioxid, Wasserdampf und Stickstoff. Nach Jahrmillionen, als unser Planet viel Wärme verloren hatte, erstarrte seine Oberfläche langsam zu einer steinernen Kruste. Dies geschah jedoch so ungleichmäßig, dass die bereits festen und dichten Gesteinsschichten in die noch flüssigen einsanken. Ausgedehnte Vertiefungen bildeten sich – die späteren Tiefseebecken.

Als die Oberflächentemperatur der Erde unter 100 Grad Celsius fiel, konnte der atmosphärische Wasserdampf kondensieren und als Regen niederfallen. Von nun an regnete es Tage, Wochen, Monate, Jahre, Jahrhunderte, Jahrtausende – ununterbrochen. Während das Wasser anfangs auf den heißen Gesteinen verzischte und als Dampf wieder aufstieg, sammelte es sich später, als die Temperatur auf der Erde weiter gefallen war, in den riesigen Tiefseebecken. Das Weltmeer ist wahrscheinlich aus den Wolken geregnet.

Die Kontinentalverschiebung

Ein Blick auf den Globus lässt ahnen, dass die Kontinente einst ein Ganzes gebildet haben müssen. Südamerika passt ebenso in die Kurve der westafrikanischen Küste wie Nordamerika zu Europa. Tatsächlich gab es vor etwa 300 Millionen Jahren nur einen einzigen Riesenkontinent. Man nannte ihn Pangäa, das ist Griechisch und bedeutet „alles Land“. Später zerriss Pangäa in zwei Teile: Im Norden entstand Laurasia und im Süden Gondwanaland. Aber auch diese beiden Riesenkontinente brachen weiter auseinander. Ihre Bruchstücke drifteten nach und nach in ihre heutige Lage und bildeten die Kontinente, wie wir sie kennen. Ebenso wie die Kontinente ließ die sogenannte Kontinentalverschiebung auch die Ozeane entstehen.

Vor 300 Millionen Jahren

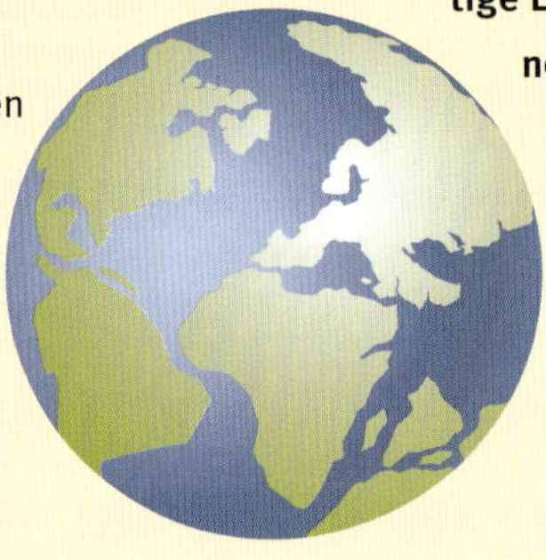

Vor 100 Millionen Jahren

Heute

Warum ist Meerwasser salzig?

Als der Jahrtausende währende Regen die Erde in einen Wasserplaneten verwandelte, füllte er nicht nur die Becken und die Senken zu Ozeanen. Seine Wassermassen lösten auch ungeheure Mengen von Salzen aus dem Gestein der Erdkruste. Sturzbäche und Ströme spülten sie ins Meer. Da aus dem Weltmeer jährlich eine Wasserschicht von über einem Meter Dicke zu Wolken verdampft, das Salz jedoch zurückbleibt, speicherten die Ozeane im Laufe der Zeit 48 000 000 Milliarden (48 Billiarden) Tonnen Salz! Anders gesagt: Jeder Liter Ozeanwasser enthält 3,5 Prozent Salz; das sind 35 Gramm oder 3 Esslöffel voll.

Verdampft man Meerwasser, bleibt Salz zurück.

Das Wasser des Toten Meeres ist sechsmal so salzhaltig wie andere Meere. Dadurch hat es eine solche Tragkraft, dass man als Badender nicht untergehen kann.

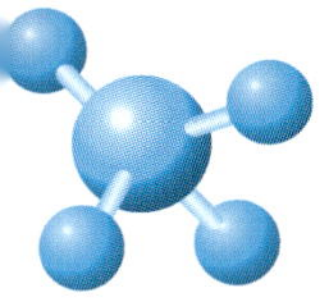

Im Meerwasser **sind bislang über 70 chemische Elemente nachgewiesen worden. Neben Sauerstoff und Wasserstoff, den Bausteinen von Wasser, sind Natrium und Chlor, die zusammen Kochsalz bilden, die häufigsten Elemente im Meerwasser. Allein etwa drei Viertel der in ihm gelösten Salze setzen sich aus Natriumchlorid zusammen. Aber auch Verbindungen von Magnesium, Schwefel, Kalzium und Kalium finden sich reichlich im Meerwasser. Zusammen mit Natriumchlorid machen sie 99 Prozent des Meersalzes aus. Die verbleibenden Elemente wie Aluminium, Jod, Kupfer, Blei, Zink, Uran, Radium und Gold sind nur in geringsten Konzentrationen vorhanden.**

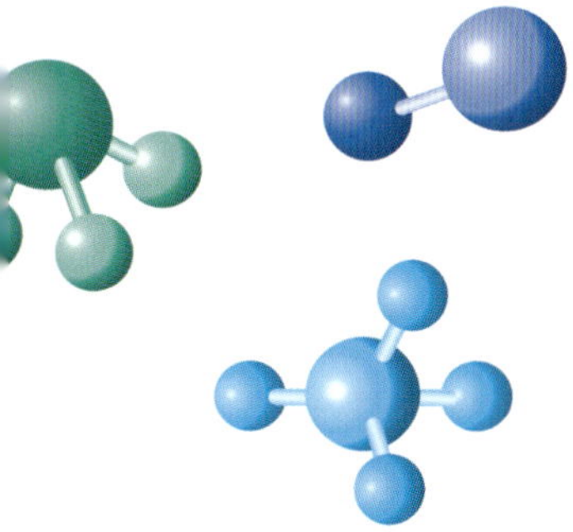

Sehr unterschiedlich dagegen ist der Salzgehalt des Wassers der Nebenmeere. Am höchsten ist er dort, wo die Meere von Wüsten umgeben sind und infolge der hohen Temperatur ständig große Mengen Wasser verdunsten. Einen besonders hohen Salzgehalt hat daher das Wasser des Toten Meeres. Er beträgt mehr als 20 Prozent. In kalten Nebenmeeren, denen Flüsse darüber hinaus noch reichlich Süßwasser zuführen, liegt der Salzgehalt sehr viel niedriger. Im Finnischen Meerbusen der Ostsee enthält das Wasser nur noch wenig über 0,02 Prozent Salz. Man kann es kaum noch schmecken.

Welche Farbe hat das Meer?

Wasser ist farblos. Warum erscheinen uns dann aber manche Meere blau, andere wieder grün, gelblich oder auch grau? Zum einen beeinflusst die Widerspiegelung des Himmels das Aussehen der Wasseroberfläche: Ein blauer Himmel „färbt" auch das Meer blau. Die Hauptursache aber ist eine andere: Meerwasser hat die Eigenschaft, eindringendes Sonnenlicht zu „verschlucken" und in Wärme umzuwandeln. Sonnenlicht setzt sich aus den Farben des Regenbogens zusammen. Jede dieser Farben hat eine eigene Wellenlänge. Nun dringt Licht verschiedener Wellenlänge unterschiedlich tief in das Wasser ein, am geringsten der rote und am tiefsten der blaue Farbanteil des Sonnenlichts.

Je klarer das Wasser ist, desto tiefer kann das Sonnenlicht eindringen. Ein kleiner Teil dieses Lichts wird von feinsten Schwebeteilchen reflektiert, also an die Wasseroberfläche zurückgeworfen. Sind die oberen Wasserschichten arm an solchen Schwebeteilchen, wird nur noch das blaue Licht in der Tiefe mit weniger klarem Wasser reflektiert. Das Meer erscheint daher blau. Dort, wo das Blau am kräftigsten leuchtet, ist das Wasser also sehr klar.

In solchen Gebieten herrscht im Oberflächenwasser Nährstoffarmut. Deshalb bezeichnet man sie auch als Wüsten der Ozeane. Das gilt besonders für die „blauen" tropischen Meere, deren warmes und daher leichteres Oberflächenwasser das ganze Jahr hindurch auf dem kälteren, schweren Wasser der Tiefe „schwimmt". Dort aber, wo Meeresströmungen oder jahreszeitliche Temperaturänderungen das Wasser umwälzen und Nährstoffe aus den tieferen Stockwerken der Ozeane an die Oberfläche spülen, entwickelt sich das Leben viel reicher. Hier gedeiht das Plankton so üppig, dass es das Wasser grün, gelblich oder bräunlich färbt.

Blau, grün, gelblich oder grau: Wasser kann sehr unterschiedlich aussehen.

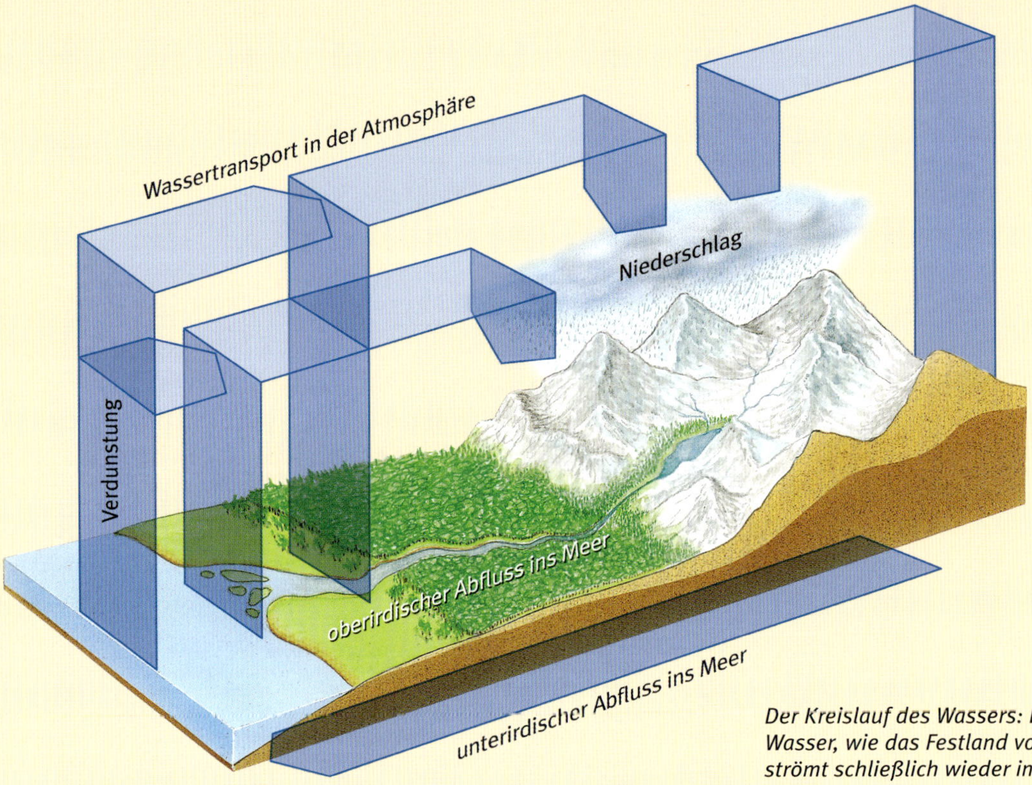

Der Kreislauf des Wassers: Ebenso viel Wasser, wie das Festland vom Meer erhält, strömt schließlich wieder ins Meer zurück.

Wettermacher Meer

Der Kreislauf des Wassers

Das Weltmeer ist das „Wasserwerk“ der Erde. Ohne Meere und Ozeane gäbe es keinen Wasserdampf, keine Wolken und somit auch keinen Regen.

An der Oberfläche des Weltmeeres verdunstet ständig Wasser. Unsichtbar steigt es als Wasserdampf auf, gelangt in kühlere Luft und verdichtet sich zu Wolken. Der größte Teil des Wasserdampfes fällt als Niederschlag wieder ins Meer zurück. Ein kleinerer Teil der Wolken aber wird von den Winden weit über das Festland getrieben. Dort kühlen sie ab und gehen ebenfalls als Regen, Schnee, Hagel oder Nebel nieder. Gemeinsam mit den Niederschlägen, die aus der Verdunstung von der Oberfläche des Festlandes stammen, füllt das Wasser die Seen, speist es die Bäche und Flüsse, lässt es die Gletscher wachsen und den Grundwasserspiegel steigen. Ebenso viel Wasser, wie das Festland vom Meer erhält, strömt schließlich wieder ins Meer zurück.

Jahr für Jahr verdunsten rund 400000 Gigatonnen Meerwasser; 1 Gigatonne entspricht 1 Milliarde Tonnen. Hinzu kommen weitere 60000 Gigatonnen. Diese verdunsten auf dem Festland. Würde das Wasser im ewigen Kreislauf nicht immer wieder durch Niederschläge und Flüsse nachströmen, wäre das Weltmeer nach 4000 Jahren ausgetrocknet.

Auf langen und verschlungenen Wegen transportieren Bäche und Flüsse das Wasser wieder zum Meer.

Meer und Klima

Wasser besitzt eine ungewöhnliche Eigenschaft: Es kann mehr Wärme speichern als jeder andere Stoff. Aus langjährigen Messungen wissen wir, dass die obersten drei Meter der Wassermassen des Weltmeeres etwa die gleiche Wärmemenge enthalten wie die gesamte darüber liegende Atmosphäre. Diese eingestrahlte Sonnenwärme geben die Meere und Ozeane nur sehr langsam wieder ab. Deshalb bleibt die Luft über dem Meer im Winter wärmer als die Luft über dem Festland. Im Sommer dagegen, wenn sich die Meeresoberfläche erwärmt, ist es umgekehrt. Dann verdunsten gewaltige Wassermengen. Dabei wird sehr viel Wärme verbraucht. Einen weiteren Teil der Sonnenwärme speichert das Meer; die Luftmassen über dem Wasser bleiben kühl. Der ausgleichende Einfluss lässt sich auch so verdeutlichen: Je weiter ein Ort vom Meer entfernt liegt, desto ausgeprägter sind die Temperaturunterschiede zwischen den Jahreszeiten.

Gäbe es aber kein Meer, dann wäre es auf der Erde im Sommer glühend heiß und im Winter eisig kalt.
Die unterschiedlich starke Erwärmung von Wasser und Land durch die Sonne hat aber noch weitere Folgen: Die Luft über dem Wasser bleibt tagsüber kühler als die Luft über dem Land. Während sich die warme Festlandluft ausdehnt, leichter wird und nach oben steigt, bleibt die Luft über dem Meer dicht und demzufolge schwer. Dadurch ist der Luftdruck über dem Meer höher als über dem Land. Zum Ausgleich des Druckunterschieds erfolgt eine Luftbewegung vom Gebiet mit höherem Druck zu dem mit tieferem Druck. Diese Luftbewegungen kennen wir als Wind. Er weht am Tage meist von der See ins Land. Nachts weht er seewärts, denn ohne wärmende Sonne kühlt der Boden schneller ab als das Wasser. Natürlich wirken auch die Winde ausgleichend auf das Klima, denn warme und kalte Luftströmungen werden ständig durchmischt. Ähnlichen Einfluss haben die Meeresströmungen. Sie verfrachten riesige Wärmemengen aus heißen Zonen der Erde in kältere und sorgen dort für ein mildes Klima. Umgekehrt transportieren sie kühles Wasser in heiße Regionen.

Hurrikane wie dieser hier vor Florida (USA) entstehen immer über dem Meer. Die Wassertemperatur muss mindestens 27 Grad Celsius betragen.

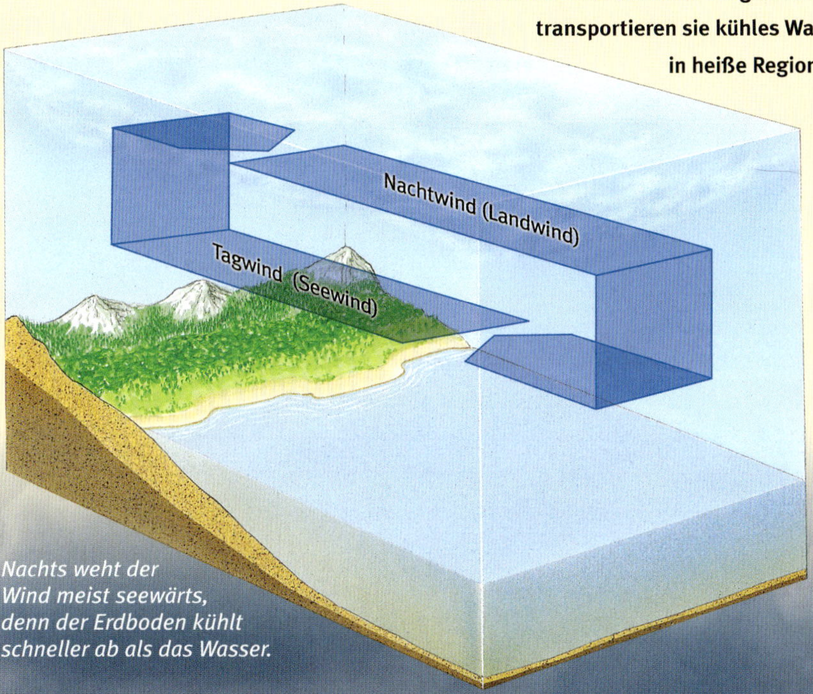

Nachts weht der Wind meist seewärts, denn der Erdboden kühlt schneller ab als das Wasser.

Das El-Niño-Phänomen

El Niño (spanisch für „das Christkind") ist eine Unregelmäßigkeit des Klimas, eine Umkehrung der normalen Wettersituation. Sie ereignet sich alle vier bis sechs Jahre im Pazifik. Dann verdrängt, immer um die Weihnachtszeit (daher der Name), warmes, nährstoffarmes Wasser das kalte, nährstoffreiche Wasser des Humboldtstroms vor der Westküste Südamerikas. Die Auswirkungen sind schlimm: Die Fischgewässer veröden, und das Wetter ändert sich dramatisch: El Niño ruft Dürre und Missernten in Südafrika, Australien und Südasien sowie schwere Regenfälle an der Pazifikküste Lateinamerikas und Stürme in Nordamerika hervor.
El Niño entsteht, wenn der Südostpassat, der warmes Wasser von der südamerikanischen Küste wegpustet und somit kaltes aufsteigen lässt, plötzlich abflaut; dann schwappt das warme Wasser nach Südamerika zurück. Der eigentliche Auslöser dieses Prozesses aber ist noch nicht bekannt.
Manchmal kühlt sich das Oberflächenwasser des Pazifik nach einem El-Niño-Ereignis besonders stark ab. Diesen Zustand nennt man La Niña, „das Mädchen".

Ein ausgetrockneter See in Indonesien: El Niño wird für unterschiedlichste Wetterkatastrophen verantwortlich gemacht.

Auch diese von einem Tornado in den USA verursachte Katastrophe ist eine Folge von El Niño.

Wie warm ist das Meer?

Das wärmste Wasser wird an der Oberfläche des Meeres gemessen. In unmittelbarer Nähe des Äquators beträgt seine Temperatur während des ganzen Jahres ungefähr 25 Grad Celsius. Unter dieser von der Sonne gut erwärmten Wasserschicht liegt eine Zwischenschicht, die sogenannte Temperatursprungschicht. In ihr fällt die Temperatur des Wassers mit zunehmender Tiefe stark ab.

Unter der Sprungschicht, in etwa 300 bis 800 Metern Tiefe, zeigt das Thermometer nur noch ungefähr vier Grad Celsius an. Lediglich ein bis zwei Grad kälter ist das Wasser am Meeresgrund. Ähnliche Temperaturabstufungen, allerdings mit weniger warmem Oberflächenwasser, findet man ebenso in den subtropischen und gemäßigten Regionen der Erde vor.

Da kaltes Wasser dichter und damit schwerer als warmes ist, schwimmt die warme Wasserschicht stets auf der kalten. Deshalb können warme Oberflächenströmungen nie in kaltes Tiefenwasser eindringen. In den polaren Gebieten dagegen ist das Wasser weniger geschichtet. Dort kühlen die von den Gletschern kommenden Winde das Oberflächenwasser stark ab. Das kalte Wasser fließt den Kontinentalabhang hinunter und gelangt durch Strömungen in die südlichen Ozeanbecken. Auf diese Weise wird das Weltmeer ständig mit neuem Kaltwasser versorgt.

Die durchschnittliche Wassertemperatur der Meere und Ozeane beträgt 3,8 Grad Celsius.

Kann Meerwasser zu Eis gefrieren?

Auf dem Weltmeer findet man zwei verschiedene Arten von Eis: Meereis und Festland- oder Inlandeis. Meereis bildet sich, wenn das salzhaltige Wasser des Meeres gefriert. Das geschieht aber erst bei einer Wassertemperatur von minus 1,9 Grad Celsius (Süßwasser gefriert bei einer Wassertemperatur von 0 Grad Celsius zu Eis).

Bei bewegter See entsteht zunächst ein lockerer Eisbrei, der sich schnell zu flachen Scheiben, dem Pfannkuchen- oder Tellereis, verdichtet. Die „Eispfannkuchen“ backen schließlich zu festen, im Meer treibenden Schollen zusammen. Heftiger Wind oder starke Strömungen türmen solche Treibeisfelder zu Packeis auf. Packeiswälle können an den Küsten des Nordpolarmeeres bis zu 20 Meter hoch werden.

Eisberge erstrahlen in ungewöhnlichen Farben, die durch Mineralien, Sedimente und Algen entstehen können.

Weil die eisigen Riesen viel über die Vergangenheit der Erde verraten, wird das ewige Eis der polaren Regionen ständig von Wissenschaftlern untersucht.

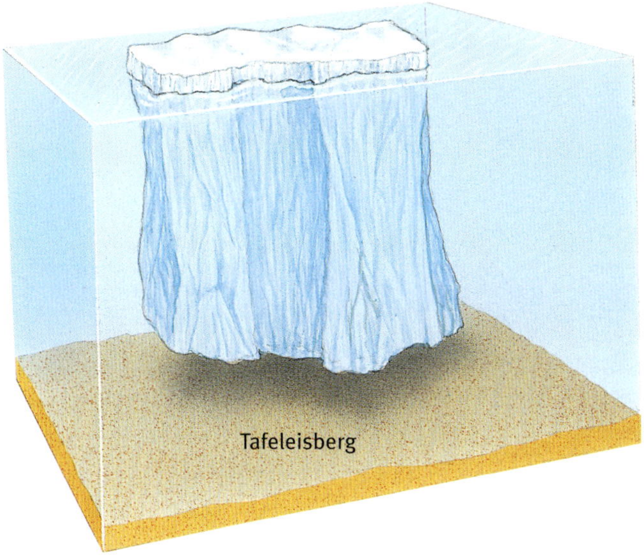

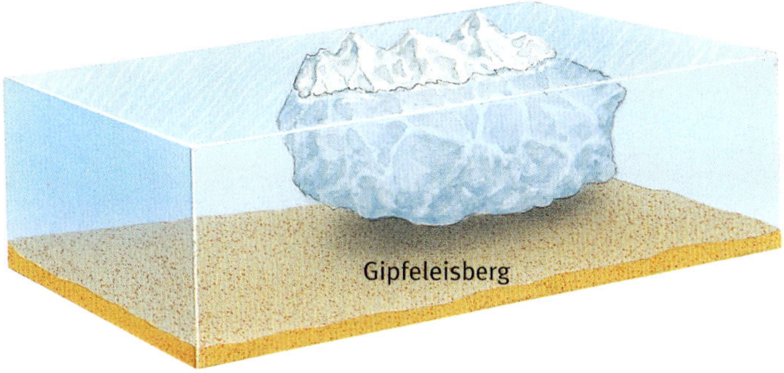

Nur etwa 15 bis 20 Prozent eines Eisbergs ragen aus dem Wasser heraus, der größte Teil befindet sich unter Wasser. Es kann Jahre dauern, bis ein großer Eisberg abgeschmolzen ist.

FARBENVIELFALT

Eisberge können verschiedene Farben annehmen. Die meisten sind milchig-weiß, andere blau oder grün. Weiße Eisberge haben viele kleine Lufteinschlüsse. Die Oberfläche dieser Luftblasen reflektiert weißes Licht, was dem Eisberg sein weißes Aussehen verleiht. Blaue Eisberge haben keine Luftblasen. Sie bestehen aus sehr kompaktem Eis. In ihm wird das Licht so gebrochen, dass es blau erscheint. Eine Seltenheit sind grüne Eisberge. Diese können entstehen, wenn in das Eis sehr feine Sedimentpartikel oder organische Teilchen eingeschlossen sind.

Noch größer werden die Eisberge. Sie sind zu Eis gewordenes Süßwasser des Festlandes von Grönland und Antarktika. Die meisten arktischen Eisberge, über fünftausend im Jahr, entstehen an der grönländischen Westküste. Es sind Abbruchstücke mächtiger Gletscherströme. Wegen ihrer bizarren Form heißen sie Gipfeleisberge.

Auf den antarktischen Gewässern ist das Eis dagegen flach wie eine Tafel. Hier wachsen die Eisberge aus der Dauereisdecke des Kontinents Antarktika. An der Küste gleiten sie langsam aufs Meer hinaus und brechen als riesige Eistafeln ab. Einer der größten gesichteten Tafeleisberge war 180 Kilometer lang. Je nach Größe, Meeresdrift und Abschmelzdauer bleiben Tafeleisberge durchschnittlich drei Jahre, maximal auch 30 Jahre erhalten.

An schwimmende Eierpfannkuchen erinnern die flachen, aus verdichtetem Eisbrei gebildeten sogenannten Pfannkuchen-Schollen.

Tafeleisberge entstehen in der Antarktis. Es sind abgeflachte, ebene Blöcke, die mächtigen Flößen gleichen.

Das ruhelose Meer

Wie entstehen Wellen?

Nur selten erscheint uns das Meer ruhig und glatt. Fast immer wiegt sich seine Oberfläche im Rhythmus der Wellen. „Katzenpfötchen" nennt der Seemann die kleinsten, die leise aufkommender Wind in die spiegelglatte See drückt. „Kaventsmänner" (Prachtkerle) sagt er respektvoll zu den größten, die starke Stürme zu mächtigen Wasserbergen auftürmen.

Wellen werden meist vom Wind erzeugt. Je größer die Freifläche des Meeres ist und je weniger Hindernisse den Wind bremsen, desto gewaltigere Wellen können entstehen. Aber es gibt auch Wellenbewegungen, die andere „Motoren" als den Wind haben. Sie entstehen durch unterseeische Vulkanausbrüche, starke Erdbeben oder die Gezeiten.

Wenn man auf See die Wellen in unablässiger Folge vorbeirollen sieht, dann scheint es, als würden immer neue Wassermassen herangeführt. Doch wer einen auf den Meereswellen treibenden Ball beobachtet, wird zu einer anderen Erkenntnis gelangen: Der Ball tanzt zwar auf und ab, wenn die Wellen unter ihm hindurchlaufen, wandert dabei aber kaum vom Fleck. In Wirklichkeit bleibt das Wasser also auf der gleichen Stelle, und nur die Welle selbst pflanzt sich über die Meeresoberfläche fort. Während der Wind die Welle ähnlich einem Segelschiff vorantreibt, bewegen sich ihre Wasserteilchen lediglich im Kreis. Winderzeugte Wellen haben die unterschiedlichsten Formen und Größen. Jede aber besteht aus einem Wellenberg mit einem Wellenkamm und dem darauffolgenden Wellental.

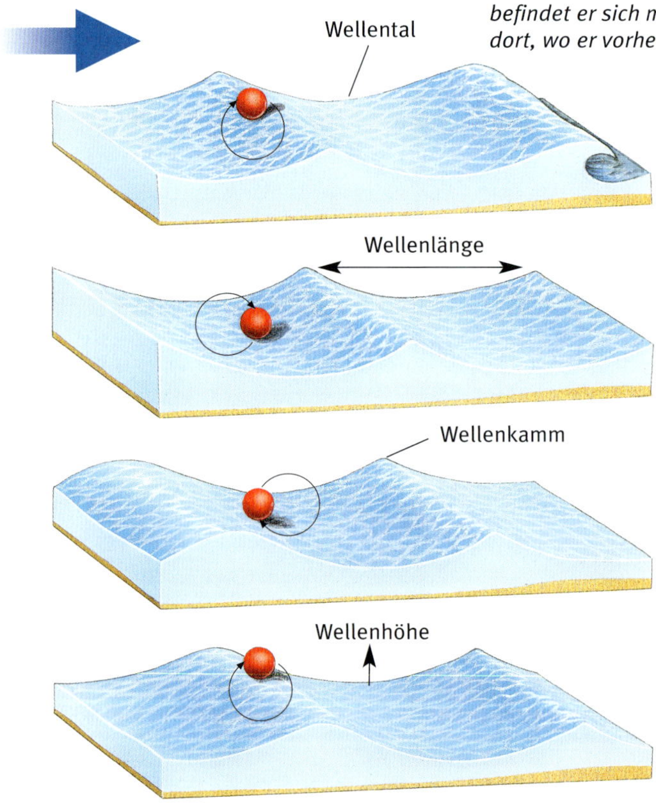

Wellenhöhen

Die Höhe der Wellen wird selbst von Seeleuten häufig überschätzt. Sie ist abhängig von der Windstärke, der Ausdehnung des Wind- oder Sturmfeldes und von der Wassertiefe. Während die meisten Wellen vier Meter Höhe nicht überschreiten, können in den orkanreichen Regionen zwischen Neuseeland, Kap Hoorn und Antarktika 25 Meter hohe Wellen auftreten. Aber auch in der mittleren Nordsee wurden schon Wellenhöhen von über 15 Metern gemessen.

Die Wasserteilchen einer Welle bewegen sich stets im Kreis. Jeder Gegenstand im Wasser macht die Kreisbewegung mit. Wenn die Welle vorüber ist, befindet er sich meist noch dort, wo er vorher war.

Tritt das Meer bei Ebbe zurück, verlieren in manchen Häfen zahlreiche Boote und Schiffe das Wasser unter dem Kiel und legen sich auf die Seite.

Dünung

Lässt der Sturm nach, dann glättet sich das aufgewühlte Meer noch lange nicht. Die kurzen und steilen Wellen gehen nun in eine lange, sanfte Dünung über. Eine Dünung ist also alter Seegang. Dünungswellen können tage-, mitunter sogar wochenlang nach dem Abebben eines Sturmes fortbestehen und weit aus ihrem Ursprungsgebiet herauswandern. Daher wirken sie um so überraschender auf den Beobachter, je tiefer sie in windarme, ruhige Meereszonen vordringen. Dünungswellen sind 250 bis 900 Meter lang. Sie können Geschwindigkeiten von 70 bis 135 Kilometer pro Stunde erreichen.

Was ist eine Brandung?

Gelangen Wellen in flaches Wasser, werden sie vom Meeresboden gebremst. Die einzelnen Wasserteilchen können ihre Kreisbahn nun nicht mehr vollenden; die Welle wird kürzer, dabei aber steiler und höher. Schließlich bricht sie vornüber und zerschellt am Strand.

Das Brechen oder Branden der Wellen gehört zu den eindrucksvollsten Erscheinungen an den Meeresküsten. Die in langen Zügen heranrollenden, sich steil aufbäumenden und donnernd überschlagenden Wogen lassen auch eine Ahnung von ihrer ungeheuren Kraft aufkommen. Besonders gewaltige Brandungswellen entstehen dort, wo Dünung aus großen Sturmzentren auf die Küste trifft.

An der marokkanischen Atlantikküste oder vor den Inseln des Pazifischen Ozeans sind Brandungshöhen von drei bis sechs Metern alltäglich. Bei Sturm peitschen sogar bis zu elf Meter hohe Wellen gegen die Küste.

Was sind Gezeiten?

Neben dem vom Wind erzeugten Seegang gibt es noch eine weitere und ebenso eindrucksvolle Bewegungsform des Weltmeeres: die Gezeiten oder Tiden. Jeder Besucher der Nordseeküste kann sie beobachten: Zweimal täglich steigt der Meeresspiegel, zweimal fällt er. Das steigende Wasser heißt Flut, das fallende Ebbe; den höchsten Wasserstand nennt man Hochwasser, den niedrigsten Niedrigwasser. Wo die Küste flach ist, wird der Strand während der Flut überschwemmt. Tritt das Meer bei Ebbe wieder zurück, gibt es einen breiten Streifen Sand oder Schlamm frei – das Watt.

Aufgrund der Anziehungskraft des Mondes läuft unter ihm ein Flutberg um die Erde. Eine zweite Gezeitenwelle entsteht auf der dem Mond abgewandten Seite.

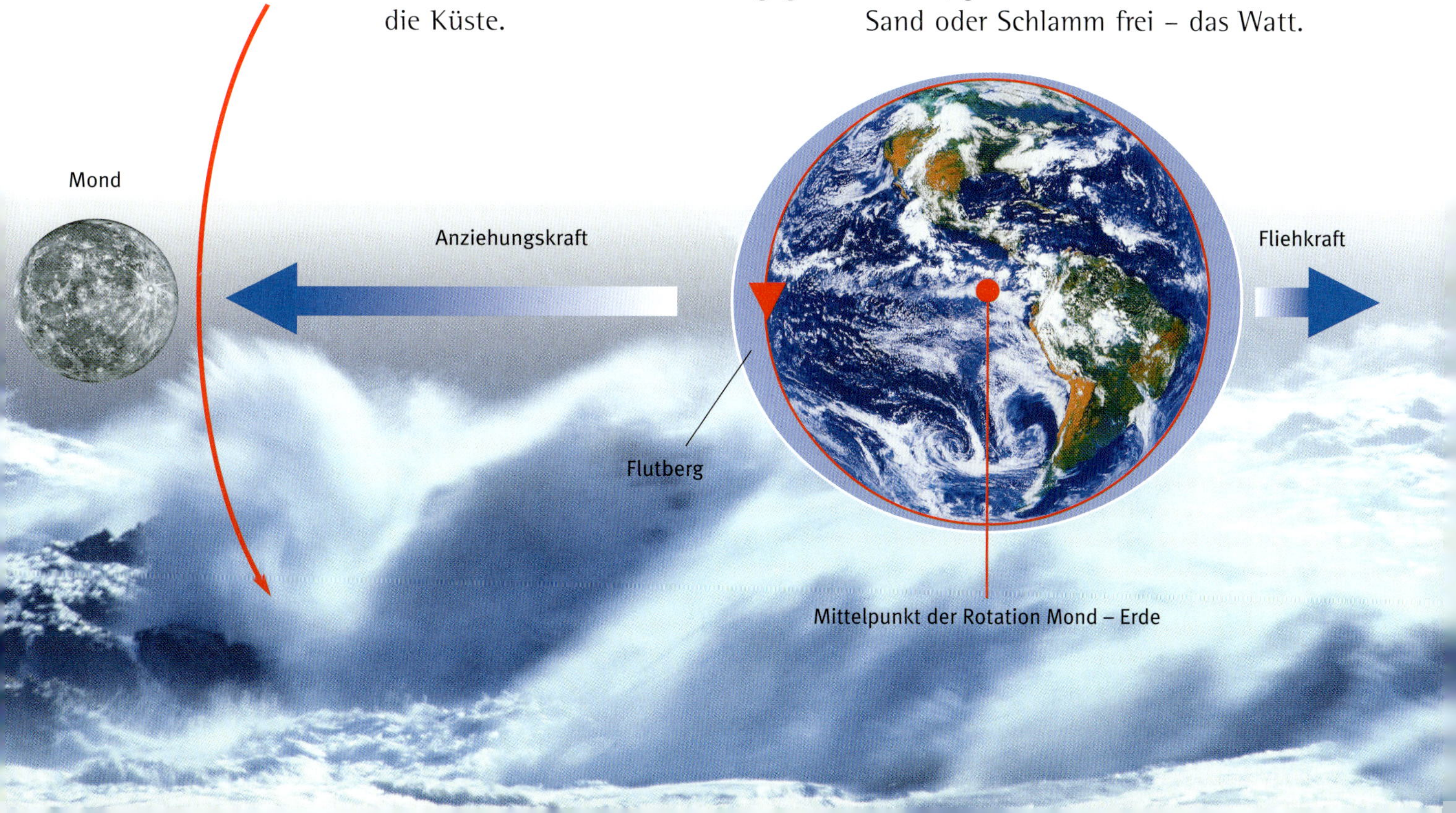

Der Pulsschlag des Meeres, so bezeichnet man die Gezeiten von alters her, wird durch die Anziehungskraft von Mond und Sonne sowie durch die Erddrehung ausgelöst. Die Anziehungskraft des Mondes hebt das Ozeanwasser an der dem Mond zugewandten Stelle so stark an, dass ein Flutberg entsteht. Ein zweiter bildet sich auf der entgegengesetzten Seite der Erde. Sein Entstehen ist der Fliehkraft zu verdanken. Weil sich die Erde dreht, jagen die beiden Flutberge als Gezeitenwellen um den Erdball.

Auch die Sonne übt eine Anziehungskraft auf die Erde aus. Ihre Flut erzeugende Kraft ist allerdings weniger als halb so groß wie die des Mondes. Der Grund: Die Sonne ist dreihundertneunzigmal weiter von der Erde entfernt als der Mond.

Wie entsteht eine Springflut?

Alle vierzehn Tage, wenn Mond und Sonne bei Vollmond und bei Neumond in einer Linie mit der Erde stehen, wirken die Flut erzeugenden Kräfte beider Gestirne in die gleiche Richtung. Dann erreichen die Gezeitenbewegungen ihre größte Stärke. Bei Springflut läuft das Hochwasser besonders hoch auf. Entsprechend tief fällt das Niedrigwasser ab. Sieben Tage nach Voll- oder Neumond dagegen, wenn Sonne, Erde und Mond einen rechten Winkel bilden, heben sich ihre Anziehungskräfte zum Teil auf. Dann ist die Stärke der Gezeiten am geringsten; es entsteht eine niedrige Flut, die Nippflut. Wie eine Uhr verkündet die Stellung des Mondes zur Erde, ob und wie das Wasser steigt oder fällt.

Gewöhnlich beträgt der Tidenhub, die Differenz zwischen der höchsten und der niedrigsten Tide, auf dem offenen Ozean kaum mehr als 0,5 Meter. An den Küsten dagegen ist er meist sehr viel größer. Dort erreicht er durchschnittlich drei Meter, stellenweise sogar bis zu 16 Meter. Dies ist damit zu erklären, dass die Gezeitenwelle im flachen Wasser wächst, weil sie – wie jede andere Welle auch – gebremst und dabei aufgestaut wird.

Ein großartiges Naturschauspiel ist die Springflut, der vereinigte Gezeitenbuckel des Mondes und der Sonne.

Gezeitenströme

Die Gezeiten verursachen nicht nur ein Steigen und Fallen des Wasserstandes: Während sich das Meer hebt und senkt, fließt das Wasser zwangsläufig auch in horizontaler Richtung. Auf der offenen See ist davon nur sehr wenig zu spüren. Wo aber wie in schmalen Meerengen die Bewegung der Wassermassen eingeengt ist, erzeugt der Wechsel von Ebbe und Flut Strömungen, die Gezeitenströme. Dort kann ihre Geschwindigkeit mitunter 15 bis 20 Kilometer in der Stunde erreichen. Großartige Naturschauspiele sind auch die Boren genannten Flutbrandungen in einigen Flussmündungen. Sie entstehen, wenn flache und breite Trichtermündungen die Gezeitenflut so stauen, dass sie sich sammelt und urplötzlich in den Fluss ergießt.

Wenn das Meer an der Nordsee bei Ebbe zurückweicht, kann man auf dem freigelegten Meeresboden, dem Watt, wandern.

Seeleute haben bei ihrer Arbeit immer wieder mit starkem Seegang zu kämpfen.

Seegang

Meist treten Windsee, also die vom momentanen Wind erzeugten Wellen an der Wasseroberfläche, und Dünung zusammen auf. Dieses Gesamtbild aus Windsee und Dünung bezeichnet man als Seegang. Eine neunstufige Seegangskala informiert über seine Stärke. Sie führt von der vollkommen glatten See (Stufe 0) und der schwach bewegten See (Stufe 3) über die grobe See (Stufe 6) und die hohe See (Stufe 7) bis zur außergewöhnlich schweren See (Stufe 9). Eine ähnliche Skala, die sogenannte Douglas-Skala, benutzt man zur Beschreibung der Dünung.

Was wissen wir über Meeresströmungen?

Im Meer fließen gewaltige Ströme. Kein Fluss des Festlandes kann sich mit ihnen messen. Bis vor wenigen Jahren waren nur die Strömungen an der Oberfläche des Meeres bekannt. Aber auch in den dunklen Tiefen gleiten mächtige Ströme dahin, die Tiefenströmungen.

Oberflächennahe Strömungen werden von der Schubkraft beständig wehender Winde erzeugt. Hauptmotor der gigantischen Wasserzüge sind die Passatwinde. Sie nehmen am Äquator ihren Anfang, wo unablässig von der hoch stehenden Sonne erwärmte und somit leichter gewordene Luft aufsteigt. Um sie zu ersetzen, dringen von Norden und Süden Ströme gemäßigt warmer Luft vor – die Passatwinde. Infolge der Erdrotation werden diese jedoch nach Westen abgelenkt. So weht auf der nördlichen Halbkugel der Nordostpassat, auf der südlichen der Südostpassat.

Die Passatwinde wehen so beständig und stark, dass sie das Wasser der Ozeane beiderseits des Äquators in zwei mächtigen Strömungen, den Äquatorialströmungen, nach Westen treiben. Dort aber stehen ihnen die Ostküsten der Erdteile im Wege. Die Wasserströme schwenken nach Norden und Süden, geraten in andere Windsysteme und teilen sich nach und nach in kleinere auf. Oberflächenströmungen reichen meist nur bis zu 300 Meter Tiefe.

Andere Antriebskräfte haben die Strömungen in den Tiefen der Ozeane. Gewöhnlich sind es die Unterschiede in der Wasserdichte, denn kälteres Wasser ist schwerer als wärmeres Wasser, salzreiches schwerer als salzarmes. Tiefenströmungen fließen sehr viel langsamer als Oberflächenströmungen, und sie können auch auf- und abwärts gerichtet sein.

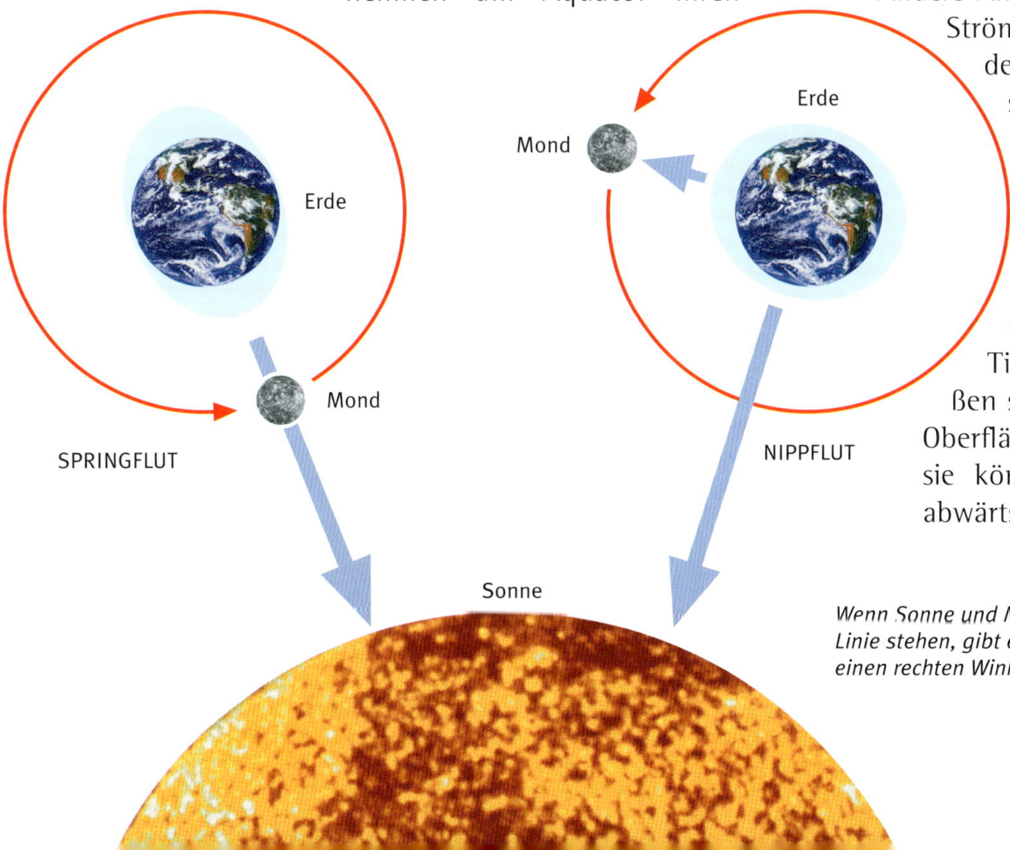

Wenn Sonne und Mond mit der Erde in einer Linie stehen, gibt es eine Springflut. Bilden sie einen rechten Winkel, entsteht eine Nippflut.

Schon den ersten Seefahrern war bekannt, dass es im Meer starke Strömungen gibt. Hinweise über ihre Richtung und Geschwindigkeit erhielten sie anfänglich von Segelschiffen und Booten, die trotz Windstille von ihrem Kurs abwichen. Treibende Schiffswracks und Eisberge sowie von fernen Ufern an die Strände gespülte Baumstämme ließen ebenfalls Rückschlüsse auf den Verlauf von Strömungen zu.

Wie kann man Meeresströmungen messen?

Die wissenschaftliche Erforschung der Meeresströmungen begann aber erst im 19. Jahrhundert. Nach einem genauen Plan warfen die Forscher fest verkorkte Flaschen mit darin enthaltenen Postkarten ins Meer. Der Finder einer solchen Flaschenpost sollte die Karte unter Angabe des Ortes, an dem er sie gefunden hatte, an den Absender zurückschicken. Solche Driftkörper haben noch heute ihren Platz in der Meeresforschung. Sie treiben wie die alte Flaschenpost mit der Strömung und können mithilfe der Satellitennavigation auf ihrem Weg geortet werden. Driftkörper eignen sich auch, um Tiefenströmungen zu erforschen. Dann sind sie mit Ballast so beschwert, dass sie in eine vorbestimmte Wassertiefe sinken. Solche Driftkörper senden Schallsignale aus, die von Schiffen über weite Entfernungen geortet werden können, während die „Flaschenpost" mit der Tiefenströmung treibt.

Auch festliegende Strömungsmesser gibt es. Sie sind meist an verankerten Schiffen oder an Bojen befestigt. Häufig misst man die Strömung mit Propellern oder anhand des entstehenden Staudrucks. In großen Tiefen eingesetzte Strömungsmesser werden gewöhnlich am Meeresboden verankert. Hier messen und zeichnen sie über Monate Temperaturen sowie Strömungsrichtungen und -geschwindigkeiten auf, bis Funkbefehle sie wieder an die Meeresoberfläche rufen.

Meeresströmungen bewegen Wassermassen und mit ihnen alles, was in oder auf ihnen schwimmt: gespeicherte Wärme vor allem, aber auch im Wasser gelöste Substanzen, Eisberge oder Schiffe. Ihr Verlauf bildet die Grundlage für verschiedene Voraussagen, zum Beispiel für die Wettervorhersage. Weil Meeresströmungen riesige Wärmemengen aus den äquatorialen Bereichen in die kälteren Regionen transportieren, werden Wettergeschehen und Klima der Erde wesentlich durch ihren Verlauf beeinflusst. Die vorherrschenden Strömungen muss aber auch genau kennen, wer abschätzen will, ob und welche Küstenregion ein leckgeschlagener Öltanker bedroht.

Kokosnüsse gelangen auf dem Wasser von Insel zu Insel. Meeresströmungen sorgen so für die Verbreitung der Kokospalme.

Die wichtigsten warmen (rot) und kalten (blau) Strömungen der Weltmeere. Die schwarzen Pfeile zeigen die Passatwinde.

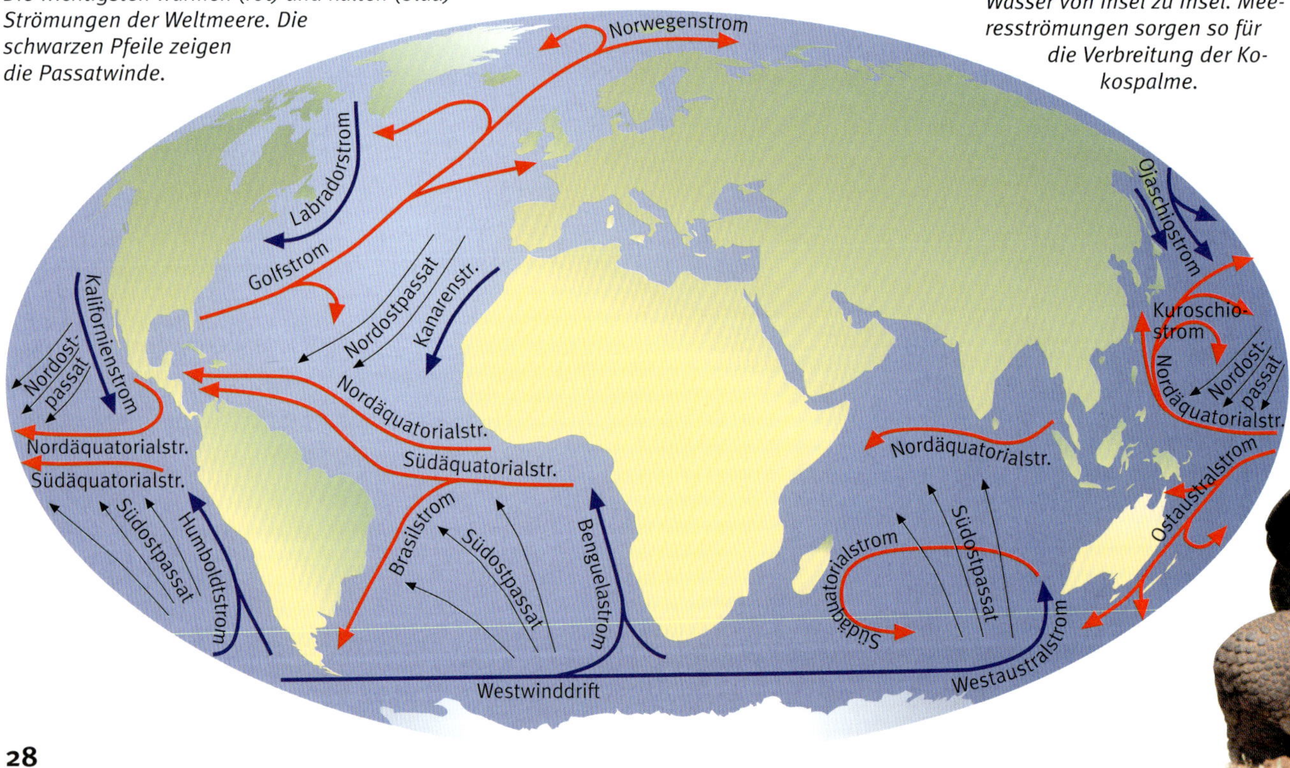

In großen Teilen Nordnorwegens bleiben die Häfen im Winter durch den warmen Golfstrom eisfrei.

Albert von Monaco

finanzierte und begleitete 1885 eine meereskundliche Expedition. Auf dem Weg von den Azoren bis Neufundland warfen die Forscher 1 675 Flaschen und Fässer ins Meer. Die Schwimmkörper enthielten jeweils einen Brief mit der Bitte um Mitteilung, wo der jeweilige Schwimmkörper gefunden worden war. 227 Antworten gingen ein. Sie zeigten den Verlauf zweier großer Strömungen – des Nordatlantischen Stroms und des Kanarenstroms. Nach dem Ersten Weltkrieg trugen die Erkenntnisse der Expedition von Prinz Albert dazu bei, dass Schiffe vor Schwimmminen gewarnt werden konnten.

Welches sind die mächtigsten Meeresströmungen?

In den großen Meeren der Erde gibt es fünf Strömungsringe. Vom Wind angetrieben, drehen sie sich auf der Nordhalbkugel im Uhrzeigersinn, auf der südlichen in entgegengesetzter Richtung. Lediglich im Indischen Ozean wird diese Kreisbewegung durch die Monsune, das sind jahreszeitlich die Richtung wechselnde Winde, beeinflusst. Meeresströmungen, die vom Äquator kommen und polwärts fließen, befördern warmes Wasser. Entgegengesetzte Strömungen sind kalt. Beide beeinflussen das Klima der Erde erheblich.

Eine der mächtigsten Meeresströmungen ist der Golfstrom. Er entsteht im Golf von Mexiko aus dem Nordäquatorialstrom und transportiert warmes Wasser bis in den Norden Europas. Seine letzten Ausläufer erreichen als Norwegenstrom Spitzbergen und sogar die zu Russland gehörende Halbinsel Kola. In Norwegen mildert der Golfstrom die Wintertemperaturen derart, dass die Häfen bis zum 71. Breitengrad eisfrei bleiben.

Der Golfstrom ist über 100 Kilometer breit und erreicht durchschnittlich eine Tiefe von 150 bis 300 Metern. Er strömt schneller als die größten Festlandsflüsse. Große kalte Meeresströmungen sind der Labradorstrom im Nordatlantik und der Benguelastrom im Südatlantik sowie der Kalifornienstrom im Nordpazifik und der Humboldtstrom im Südpazifik.

Winde und Meeresströmungen haben die Riesenschildkröte einst an die rauen Küsten der Galapagosinseln verschlagen.

Der kühle Humboldtstrom vor der Pazifikküste Südamerikas diente dem dort lebenden Humboldtpinguin als Namensgeber.

Das entfesselte Meer

Was ist ein Tsunami?

„Tsunami“ ist ein Schreckensruf japanischer Küstenbewohner. Er bedeutet so viel wie „Große Welle im Hafen“. Tsunamis sind gefährliche Flutwellen. Sie entstehen vor allem durch unterseeische Erdbeben, Vulkanausbrüche, Felsstürze und Erdrutsche am Meeresboden. Aber auch Nuklearexplosionen und Meteoriteneinschläge können diese gigantischen Wasserbewegungen verursachen.

Tsunamis durchlaufen häufig einen gesamten Ozean mit einer ungeheuren Geschwindigkeit – mitunter werden bis zu 800 Kilometer in der Stunde erreicht. Im offenen Meer sind die Wellen zwischen 100 und 300 Kilometer lang und kaum über einen Meter hoch. Gelangt ein Tsunami jedoch in flaches Wasser, dann wird er vom Meeresboden gebremst. Nun türmt er sich zu einer gewaltigen, bis zu 30 Meter hohen Wasserwand auf. Sie bricht mit vernichtender Wucht auf das Festland herein.

Besonders in Japan hinterlassen Tsunamis oft Verwüstungen. Aber auch die Küsten Alaskas, der Hawaii-Inseln sowie Chiles und Perus sind besonders gefährdet. Im Indischen Ozean ereignete sich 2004 ein zerstörerischer Tsunami. Er forderte über 230 000 Menschenleben.

Tückische Versuchung

Erstes Anzeichen für einen Tsunami ist oft ein ungewöhnlich niedriger Wasserstand. In einem solchen Fall trifft nicht ein Wellenkamm zuerst auf die Küste, sondern ein Wellental. Manchmal fällt dann der Meeresboden kilometerweit trocken. Schon der römische Geschichtsschreiber Marcellinus erwähnte ein Ereignis, bei dem sich im Jahr 365 an der ägyptischen Küste plötzlich das Wasser zurückzog und die Leute umherstreiften, um Fische einzusammeln. Doch das Meer kehrte zurück und ertränkte Tausende von Menschen.

Trifft ein Tsunami auf das Festland, versetzt die mächtige Flutwelle sämtliche Küstenbewohner in Angst und Schrecken.

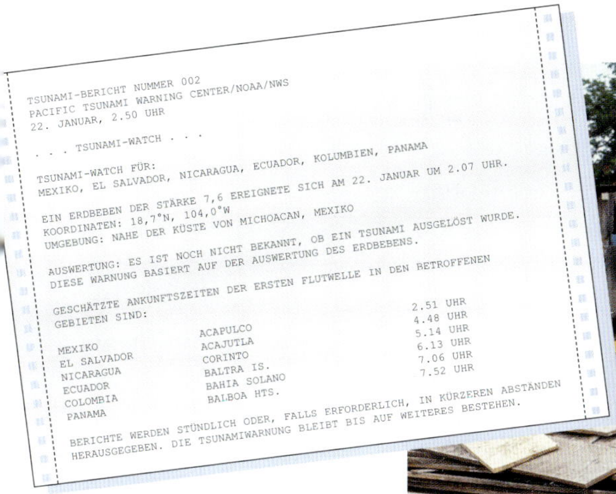

TSUNAMI-BERICHT NUMMER 002
PACIFIC TSUNAMI WARNING CENTER/NOAA/NWS
22. JANUAR, 2.50 UHR

. . . TSUNAMI-WATCH . . .

TSUNAMI-WATCH FÜR:
MEXIKO, EL SALVADOR, NICARAGUA, ECUADOR, KOLUMBIEN, PANAMA

EIN ERDBEBEN DER STÄRKE 7,6 EREIGNETE SICH AM 22. JANUAR UM 2.07 UHR.
KOORDINATEN: 18,7°N, 104,0°W
UMGEBUNG: NAHE DER KÜSTE VON MICHOACAN, MEXIKO

AUSWERTUNG: ES IST NOCH NICHT BEKANNT, OB EIN TSUNAMI AUSGELÖST WURDE.
DIESE WARNUNG BASIERT AUF DER AUSWERTUNG DES ERDBEBENS.

GESCHÄTZTE ANKUNFTSZEITEN DER ERSTEN FLUTWELLE IN DEN BETROFFENEN
GEBIETEN SIND:

MEXIKO	ACAPULCO	2.51 UHR
EL SALVADOR	ACAJUTLA	4.48 UHR
NICARAGUA	CORINTO	5.14 UHR
ECUADOR	BALTRA IS.	6.13 UHR
COLOMBIA	BAHIA SOLANO	7.06 UHR
PANAMA	BALBOA HTS.	7.52 UHR

BERICHTE WERDEN STÜNDLICH ODER, FALLS ERFORDERLICH, IN KÜRZEREN ABSTÄNDEN
HERAUSGEGEBEN. DIE TSUNAMIWARNUNG BLEIBT BIS AUF WEITERES BESTEHEN.

Oben: 43 Minuten nach einem unterseeischen Erdbeben in der Nähe von Mexiko wurde diese Tsunami-Meldung herausgegeben. Rechts: Ein Tsunami hinterlässt meist furchtbare Schäden.

Gebremst

Tsunamis berühren überall in den Ozeanen den Meeresboden. Das ist so, weil ihre Wellen dem Prinzip „Tiefgang gleich halbe Wellenlänge“ folgen. Eine 100 Kilometer lange Tsunami-Welle hat demnach einen Tiefgang von 50 Kilometern. So tief ist aber kein Ozean. Aus diesem Grund schwingen die Tsunami-Wellen trotz ihrer hohen Geschwindigkeit immer gebremst dahin. Am wenigsten werden sie im tiefsten Wasser gebremst. Deshalb sind sie dort auch am schnellsten.

Gibt es ein Tsunami-Warnsystem?

Früher waren die Bewohner der betroffenen Küsten den zerstörerischen Flutwellen hilflos ausgeliefert. Heute allerdings überspannt ein Netz von seismischen Fühlern den ganzen pazifischen Raum. Sie sollen Seebeben – die wichtigste Tsunami-Ursache – möglichst schnell entdecken und lokalisieren. Computer berechnen aus den gewonnenen Daten Stärke und Ursprung des Bebens. Dann wird eine „Tsunami Watch“-Meldung an die zuständigen Einrichtungen in verschiedenen Ländern herausgegeben. Stellen schließlich mehrere Messstationen ein Ansteigen des Meeresspiegels fest, ist es Zeit für die Tsunami-Warnung.

An den Stränden des bedrohten Gebietes heulen Sirenen auf, und über Radio und Fernsehen wird die Bevölkerung informiert. Da die Geschwindigkeit eines Tsunamis im Wesentlichen von der Wassertiefe abhängt, lässt sich das Eintreffen der Riesenwelle ziemlich genau voraussagen.

Knotenpunkt des Tsunami-Frühwarnsystems im Pazifik ist das Pacific Tsunami Warning Center in Honolulu. An das PTWC sind 26 betroffene Staaten angeschlossen. Seit 2007 (Indien) und 2008 (Indonesien) arbeiten inzwischen auch im Indischen Ozean die ersten Tsunami-Frühwarnsysteme.

Was sind Freak Waves?

Noch vor wenigen Jahren tat man Erzählungen von Seeleuten über plötzlich auftretende Riesenwellen auf hoher, aber ruhiger See als Seemannsgarn ab. Heute weiß man, dass es solche Wellen wirklich gibt. Die Freak Waves, die „verrückten Wellen“, kommen oft ganz unerwartet. Sie erreichen Höhen von über 30 Metern. Zahlreiche Schiffe fielen ihnen schon zum Opfer. Andere, vor allem Öltanker und große Passagierschiffe, wurden von den Riesenwellen stark beschädigt.

Freak Waves entstehen, wenn starke, hohe Sturmwellen in eine schnelle, entgegengesetzte Meeresströmung hineinschlagen. Dann werden die Sturmwellen so zusammengedrückt, dass sie sich überlagern und in die Höhe wachsen, bevor sie brechen. Besonders gefährliche Freak Waves gibt es vor der südafrikanischen Küste, wo nordwärts gerichtete Sturmwellen in die nach Süden fließende Agulhas-Strömung schlagen.

Um die Gefahren von Freak Waves einzudämmen, arbeiten Forscher zurzeit an einem Frühwarnsystem. Dazu werden Messdaten von Forschungsschiffen und Ölplattformen ausgewertet.

Sturm im Wasserglas

Der sogenannte Sturm im Wasserglas tobt in einer Versuchsanlage in Hannover: Der zur Technischen Universität Berlin gehörende Wellenkanal ermöglicht es den Wissenschaftlern, künstliche Wellen zu erzeugen. An einem Ende der langen Rinne befindet sich eine Wellenmaschine und gegenüber ein künstlicher Strand, auf dem die Wellen brechen. In diesem Versuch wurden ein Bauwerk für den Küstenschutz getestet und die darauf einwirkenden Kräfte gemessen. Von Interesse sind auch die verschiedenen Wellenlängen. Je länger eine Welle ist, desto schneller bewegt sie sich fort.

Blick auf den Wellenkanal in Richtung Wellenerzeuger: Die Wellengruppe rauscht an das Testobjekt heran.

Die Wellen nähern sich dem Küstenschutzbauwerk: Die hintere Welle ist länger und bewegt sich deshalb schneller fort.

Die Wellen haben durch Überlagerung eine so genannte Freak Wave gebildet. Kraftvoll bricht sie auf das künstliche Riff.

Wie gefährlich ist eine Sturmflut?

Verheerende Schäden kann das Meer auch an der Ostseeküste anrichten. Noch gefährdeter aber ist die Nordseeküste. Sie gilt als das europäische Meeresgebiet mit den schwersten Sturmfluten. Sturmfluten sind ungewöhnlich hohe Wasserstände an den Küsten von Gezeitenmeeren. Sie entstehen meist dann, wenn eine Springflut von anhaltend starken Stürmen gegen das Land gedrückt wird. An gezeitenarmen Meeren wie der Ostsee verursachen solche Stürme Sturmhochwasser.

Eine der schwersten Sturmfluten ereignete sich im Mittelalter. Sie suchte 1287 die holländische Küste heim und forderte Tausende von Menschenleben. Auch die große „Manndrenke“ von 1362 erlangte eine traurige Berühmtheit. Bei dieser Sturmflut kamen ebenfalls Tausende von Menschen um, und ein breiter Küstenstreifen Ostfrieslands ging verloren.

1953 EREIGNETE sich die größte Sturmflutkatastrophe der neueren Zeit. Das durch Sturm und Springflut aufgepeitschte Meer überflutete weite Teile der holländischen Küste. Mehr als 1 800 Menschen starben und über 140 000 Menschen verloren Haus und Hof.

Sturmfluten können verheerende Schäden anrichten, wie 1995 in Hamburg (links) und 1953 in Holland (oben).

Den Schutz vor Sturmfluten verbessert das 2002 eröffnete Sturmflutsperrwerk an der unteren Ems bei Gandersum.

Wie kann man die Küsten schützen?

Um die bedrohlichen Fluten des Meeres fernzuhalten, errichten die Menschen schon seit Jahrhunderten an besonders gefährdeten Küstenabschnitten Deiche. Die Schutzwälle aus Erde hatten um das Jahr 1600 Höhen zwischen 2,5 und 3,5 Metern und eine steile Außenböschung. Heute sind Deichhöhen von sechs Metern über dem mittleren Hochwasserstand und flache Außenböschungen üblich. An ihnen können die Wellen besser auslaufen, ohne Schaden anzurichten.

Vor allem in den Niederlanden erwies sich der Schutz von Deichen oftmals aber als nicht ausreichend – etwa ein Viertel der Fläche dieses Landes liegt tiefer als der Meeresspiegel. Um die gefährdeten Landesteile ein für alle Mal vor der See zu schützen, begann man nach der Sturmflutkatastrophe von 1953, die Meeresarme der großen Flüsse Rhein, Maas und Schelde abzuriegeln. Dämme und Sturmflutwehre entstanden. Als letztes Glied in der Kette des sogenannten Deltaplanes wurde 1997 das Maesland-Sperrwerk fertiggestellt. Es schützt eine Million Menschen in Rotterdam und Umgebung vor dem Wasser.

Wirksame Küstenschutzbauten gibt es auch an der Ostsee. An Steilufern sind es vor allem festgefügte, sichere Steindämme. Flachküsten werden durch breite Sandstrände, Dünen, Waldstreifen und Deiche geschützt.

Das 1997 fertiggestellte Maesland-Sperrwerk schützt die Menschen in Rotterdam und Umgebung vor Sturmfluten.

Deiche schützen das platte Land an der Nordsee vor dem unberechenbaren Meer.

Lebensraum Meer

Welche Lebensformen gibt es im Meer?

Das Meer ist, ebenso wie auch das Festland, von Pflanzen und von Tieren bewohnt. Aber obwohl der Lebensraum Meer hundertmal größer ist als der Lebensraum des Festlandes, beherbergt er lediglich ein Achtel der uns bekannten Arten von Tieren und Pflanzen – etwa 250 000. Auch sind viele Meerestiere einfacher gebaut als die Tiere, die auf dem Land leben, und sie unterscheiden sich weniger voneinander. Ähnlich ist es bei den Meerespflanzen.

Die Lebensbedingungen des Meeres sind gleichförmiger und beständiger als die des Festlandes, wo äußerst gegensätzliche Umweltbedingungen herrschen. Denken wir nur an die Hitze der Tropen und die Kälte der Arktis, an sonnendurchglühte Wüsten, an endlose Sümpfe und an undurchdringliche Regenwälder. Hinzu kommen die täglichen und jahreszeitlichen Schwankungen der Temperatur. Solchen Umweltbedingungen mussten sich die Wasserbewohner nicht anpassen.

Und doch gibt es im Meer sehr unterschiedliche Lebewesen. Die winzigsten, die Bakterien, sind kleiner als ein Tausendstelmillimeter. Die mächtigsten, die Blauwale, können eine Masse von 150 Tonnen erreichen. Und die größte Meerespflanze, der Riesentang oder Kelp, kann bis zu 50 Meter lang werden. Gewaltig ist auch die durchschnittliche Individuenzahl der im Meer lebenden Fischarten – sie liegt bei rund zehn Milliarden Tieren.

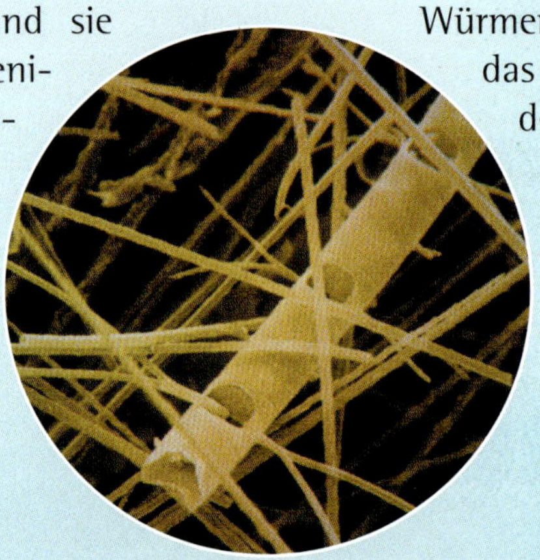

Als die „Weide des Meeres" gilt das pflanzliche Plankton.

Wissenschaftler unterteilen die Meeresbewohner in drei große Gruppen. Die erste lebt auf oder unmittelbar über dem Meeresboden; sie wird als Benthos bezeichnet. Benthosvertreter sind festsitzende Meerespflanzen (Tange und Seegras), Muscheln, Schnecken, Krebse und Würmer. Die zweite Gruppe, das Nekton, besteht aus den höher entwickelten Tieren des Meeres. Dazu zählen Fische, Kopffüßer (Tintenfische) und Meeressäugetiere – Wale und Robben. Sie suchen sich ihren Platz im Meer selbst aus und können gegen Strömungen anschwimmen. Die dritte Gruppe, das Plankton (griechisch für das „Umhergetriebene"), lebt ebenfalls im offenen Meer. Zu ihr gehören all jene winzigen Pflanzen und Tiere, die so leicht sind, dass sie im Wasser schweben.

Zooplankton unter dem Mikroskop

Die Stockwerke des Meeres und ihre Bewohner:

Lichtdurchflutete Zone
(0–200 Meter Tiefe):

1 Marlin
2 Fliegende Fische
3 Winkerkrabbe
4 Walhai
5 Tümmler
6 Plankton
7 Schmetterlingsfische
8 Meeresschildkröte
9 Qualle

Dämmerlichtzone
(200–1 000 Meter Tiefe):

10 Eberfische
11 Seeteufel
12 Kreiselschnecke
13 Kammmuschel
14 Pottwal
15 Kalmar
16 Grauhai
17 Beilfische
18 Mantarochen
19 Krake
20 Riemenfisch
21 Grenadierfisch
22 Seekatze/Seeratte

Dunkle Tiefseezone
(1 000–6 000 Meter Tiefe):

23 Spinnenfisch
24 Pelikanaal
25 Vampirkrake
26 Röhrenwürmer vor Schwarzen Rauchern
27 Seelilien
28 Seefedern
29 Seespinne
30 Laternenangler
31 Tiefseegarnele

Tiefseegrabenzone
(6 000–10 000 Meter Tiefe):

32 Borstenwurm
33 Seegurke
34 Glasschwämme
35 Seeanemonen
36 Schlangenstern

1
2
3
4
5
8
10
11
12
13
14
15
16
17
18
19
20
21
22
23
24
25
26
27
28
29
30
31
32
33
34
35
36

Was ist eine Nahrungskette?

Wie auf dem Festland, so bedeuten auch im Wasser Pflanzen die Grundlage allen tierischen Lebens. Das pflanzliche Plankton oder Phytoplankton (phyto: griechisch für „pflanzlich") gilt als die „Weide des Meeres". Es sind kleinste, einzellige Algen, die für ihre Ernährung ausreichend Energie und Nährsalze benötigen. Die Energie gewinnen die Algen aus dem Sonnenlicht; die Nährsalze entnehmen sie dem Meerwasser.

Vom pflanzlichen Plankton lebt das tierische Plankton. Zum Zooplankton (zoo: griechisch für „Tier") gehören vor allem winzige Krebse. Sie sind die Nahrung aller kleineren Fleischfresser des Meeres. Diese wiederum fallen den größeren Raubfischen zum Opfer. So bilden sich unterschiedlich lange Nahrungsketten. Ihr Prinzip ist, dass die jeweils kleineren und schwächeren Lebewesen von den größeren und stärkeren gefressen werden. Am Ende dieser Kette steht häufig der Mensch.

Nicht alle Tiere aber werden gefressen oder gefangen. Viele sterben, weil sie alt oder krank sind, und sinken in die Tiefe. Bakterien zersetzen ihre Körper. Dabei werden Nährsalze frei. Strömungen tragen diese meist wieder an die Oberfläche, wo sie wiederum vom Plankton aufgebraucht werden. Der Kreislauf beginnt von Neuem.

Warum sind die Küstengewässer am artenreichsten?

In den Gewässern am Rande der meisten Kontinente finden die pflanzenfressenden Meerestiere ein besonders reichhaltiges Nahrungsangebot. Hier reicht das Sonnenlicht oft bis zum flachen Grund hinunter und fördert gemeinsam mit den aufgewirbelten

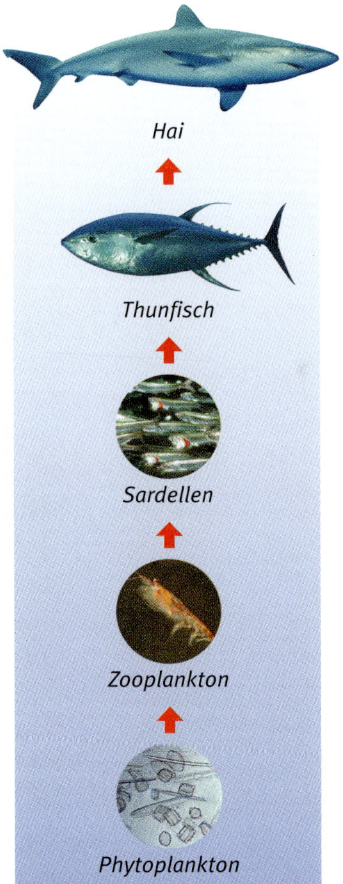

Eine mögliche Nahrungskette im Meer. Der Kleinere und Schwächere wird vom Größeren und Stärkeren gefressen.

Riffkorallen

Von den Korallentieren sind die Steinkorallen der tropischen Meere am bekanntesten. Mit ihren Kalkskeletten bauen sie bis an die Wasseroberfläche reichende Riffe. Die besten Lebensbedingungen finden Riffkorallen in der gut durchlichteten Zone oberhalb einer Wassertiefe von 35 Metern bei einer Wassertemperatur von 25 bis 28 Grad Celsius. Korallenriffe bilden mit ihren leuchtenden Farben und faszinierenden Bewohnern ein Paradies für Taucher.

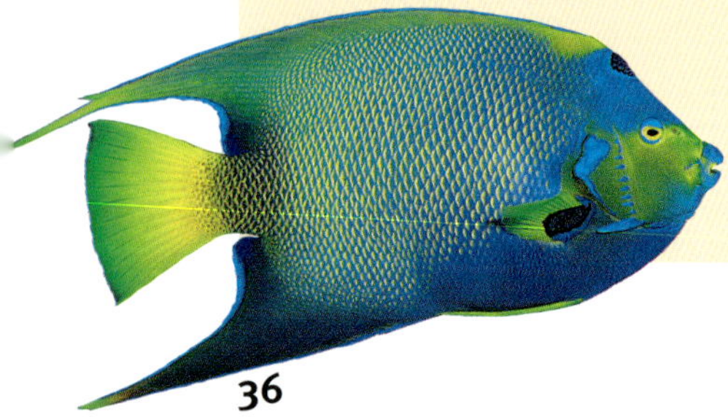

Links: Königin-Engelsfisch. Mitte: Röhrenschwamm. Rechts: Korallenriff mit Roter Koralle.

Auch die schnellen und eleganten Delfine gehören zu den Räubern der Meere.

Nährsalzen das schnelle Wachstum des Phytoplanktons. Die Schelfmeere, zu denen auch die Nord- und die Ostsee gehören, sind aber nicht nur außerordentlich nährstoffreich. Es wachsen hier auch ausgedehnte Tangwälder und Seegraswiesen, in denen zahlreiche Fischarten ruhige Laichplätze, Brut und Jungfische später auch Schutz vor Feinden finden. Mannigfaltig ist das Tierleben schon am Grund der flachen Meere, wo sich Würmer, Muscheln und Plattfische eingegraben haben. Ihnen stellen räuberische Seeigel und Seesterne, Schnecken und Krebse nach. Viele verschiedenartige Tiere wie Seepferdchen, Wellhornschnecken, Seegurken und kleine Fische verstecken sich in den Dickichten der Braunalgenwälder. Aber auch Haie, Delfine und andere große Räuber gibt es an den Küsten. Häufig jagen sie Thunfischen und Makrelen nach, die ihrerseits den Laichschwärmen der Heringe folgen.

Zu den verblüffendsten Gestalten unter den Fischen zählen die Seepferdchen.

Welche Tiere leben im offenen Meer?

An die Schelfmeere schließt sich die Hochsee an. Sie ist mit Nährstoffen meistens nicht so gut versorgt wie die Küstengewässer. Deshalb kommen hier viel weniger Tierarten vor. Es sind Quallen, Tintenfische, Krebse, Schildkröten und vor allem Fische, aber auch einige große Säugetiere: Delfine, Wale und Robben.

Die weitaus meisten Fische der Hochsee leben dort, wo Strömungen und Auftriebe nährstoffreiches Tiefenwasser in die sonnendurchflutete obere Wasserschicht, die Hellzone, befördern. Große Auftriebsgebiete befinden sich vor Peru und Chile im Pazifik und vor Mauretanien und Namibia im Atlantik. Regelmäßig, während der Winterstürme, durchmischt sich auch in den hohen nördlichen und südlichen Breiten das Tiefen- mit dem Oberflächenwasser. Solche Meeresgebiete dienen als „Weiden“ frei umherziehender Fischarten. Zu riesigen Schwärmen vereinigt, streifen Hering, Sardelle, Sprotte und andere Planktonfresser durch das Meer – immer auf der Suche nach den besten Futterplätzen. Schwärme von Raubfischen, wie Kabeljau, Seelachs und Seehecht, folgen ihnen.

Zahlreiche Freiwasserfische sind Wanderfische: Sie pendeln zwischen Laichplatz, Aufwuchsplatz und verschiedenen Futterplätzen. Einige Arten, wie der Hering oder der Kabeljau, legen zwischen Nahrungs- und Laichplatz alljährlich Hunderte von Kilometern zurück. Andere, der schnelle Thunfisch beispielsweise, überwinden sogar Entfernungen von mehreren Tausend Kilometern.

Im meterhohen Kelpwald finden Fische reichlich Nahrung.

ALGEN

gelten als die „Weiden des Meeres“. Am bekanntesten sind Grünalgen, Kieselalgen, Rotalgen und Braunalgen. Grünalgen kommen häufig als schleimige Schicht auf Felsen vor. Kieselalgen sind von einem Panzer aus Kieselsäure umschlossen. Sie haben als Grundnahrung der Wasserbewohner eine große Bedeutung. Rotalgen umfassen etwa 8000 Arten. Sie sitzen mit einer Haftscheibe am Untergrund fest. Braunalgen wachsen sehr schnell. Manche Arten werden bis zu 30 Meter lang.

Oben: Seesterne sind sehr schön anzusehen. Unten: In der Gezeitenzone des Strandes lebt die Winkerkrabbe.

Leben in der Finsternis

Unwirtlich und kalt ist die Tiefsee. Und doch sind von den rund 140000 bekannten im Weltmeer lebenden Tierarten mindestens 600 bis 700 in einer Tiefe von 6000 Metern und selbst in den Tiefseegräben noch 120 Arten anzutreffen. Als die ersten Menschen mit ihren stählernen Tauchgeräten in das Dunkel der Tiefsee vordrangen, waren sie sehr überrascht, im Licht der Scheinwerfer Flohkrebse, Schnecken, Seesterne, Korallen, zarte Ringelwürmer und sogar kleine Fische zu entdecken. Für diese Tiere ist der hohe Druck unter Wasser nicht gefährlich. In ihren Körpern herrscht der gleiche Druck wie außerhalb. Infolge der niedrigen Temperaturen und des knappen Nahrungsangebots wachsen die Tiere der Tiefsee nur sehr langsam. Dafür werden manche sehr alt.

Rippenquallen sind gierige Räuber.

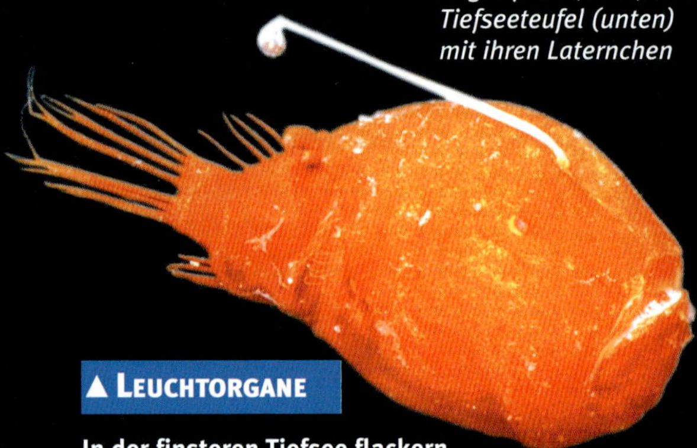

Anglerfisch (oben) und Tiefseeteufel (unten) mit ihren Laterncchen

▲ Biolumineszenz

Das Licht der Tiefseebewohner wird häufig von körpereigenen Zellen produziert. Dieser Vorgang ist bei allen Tieren gleich: Besondere Leuchtstoffe werden unter Verwendung von Sauerstoff und chemischer Energie oxidiert. Dabei wird Licht freigesetzt. Weil bei dieser Reaktion kaum Wärme entsteht, beträgt die Lichtausbeute nahezu 100 Prozent. Bei einer normalen Glühlampe liegt die Effizienz lediglich bei fünf Prozent. Die Biolumineszenz, wie dieses Leuchtphänomen wissenschaftlich heißt, gibt es auch bei Landtieren, beispielsweise dem Glühwürmchen.

▲ Leuchtorgane

In der finsteren Tiefsee flackern hier und dort geisterhafte Lichter auf – die Leuchtorgane mancher Tiefseetiere. Beim Beilfisch und beim Laternenfisch ziehen sich die Lichtbänder beiderseits des Körpers entlang. Anderen, wie dem Anglerfisch, hängen Laterncchen wie Köder an einer Angel vor dem gierigen Maul. Mit ihren Leuchtorganen locken die Tiefseefische nicht nur Beutetiere an. Während der Fortpflanzungszeit werden sie auch bei der Partnersuche eingesetzt.

Gut entwickelte Augen und ein großes Maul hat der Beilfisch.

◀ Teleskopaugen

Viele Tiefseefische haben große, vorquellende Augen, sogenannte Teleskopaugen. Mit ihnen können sie selbst schwache Lichtpunkte wahrnehmen. Bei manchen Fischen der Finsternis ist die Sehkraft fünfzehn- bis dreißigmal stärker als die des Menschen.

▶ Räuber

Die Bewohner der Tiefe haben sich an eine räuberische Lebensweise angepasst. Fast nur aus Kopf und Maul bestehen der Viperfisch und der Beilfisch. Bauch und Magenwand sind gummiartig dehnbar, sodass sie riesige Beutestücke verschlingen können.

Der Viperfisch kann sein Maul fast 180 Grad weit aufklappen. Riesige Zähne versperren kleineren Beutetieren den Rückzug.

Mit weit geöffnetem Maul schwimmt der Pelikanaal umher.

Das Meer und der Mensch

Wem gehört das Meer?

Als die „Challenger“ vor über 100 Jahren die Anker zu ihrer berühmt gewordenen Expeditionsreise lichtete, musste der Kapitän keine Genehmigungen einholen, um vor den Küsten anderer Staaten forschen zu können. Heute wäre das undenkbar.

Aber damals hatten sich die Küstenländer längst das ihren Küsten vorgelagerte „Streifchen“ Meer angeeignet, meist waren es drei Seemeilen (5,5 Kilometer). Inzwischen ist das Meer nicht mehr nur für Schifffahrt und Fischfang wichtig. Selbst der Meeresboden wurde interessant: Geologen entdeckten gewaltige Lagerstätten wertvoller Rohstoffe, und Ingenieure entwickelten Technologien, um diese abzubauen.

Wem aber gehören die Schätze des Meeres, und wer darf über sie verfügen? Schon seit vielen Jahren beschäftigen sich die Vereinten Nationen mit diesem Problem. Heute haben die meisten Küstenländer ihr Hoheitsgebiet auf zwölf Seemeilen (22 Kilometer) ausgedehnt. Auch stimmen sie darin überein, dass ihnen eine 200 Seemeilen (370 Kilometer) breite Wirtschaftszone zusteht. Innerhalb dieser Zone entscheiden nur sie, wer dort forschen, fischen, Öl fördern oder Bergbau betreiben darf.

Lediglich der fischarme offene Ozean gehört allen Ländern gleichermaßen. Über die Nutzung seines rohstoffreichen Meeresbodens entscheidet eine internationale Meeresbodenbehörde.

Strittige Fragen, beispielsweise der Meeresnutzung, werden vom Internationalen Seegerichtshof in Hamburg geklärt.

Seerecht

Wem gehören eigentlich die Bodenschätze, die sich am Grund der Meere außerhalb der Küstengewässer befinden? Diese Frage beantwortet das Seerechtsübereinkommen der Vereinten Nationen. Es trat 1994 in Kraft und macht die Meeresgebiete außerhalb der Wirtschaftszonen und damit auch die dortigen Rohstoffvorkommen zum Erbe der gesamten Menschheit. Eine in Jamaika eingerichtete Meeresbodenbehörde genehmigt und überwacht den Abbau der Tiefseebodenschätze. Leider gilt das Seerechtsübereinkommen nur für die Staaten, die es unterzeichnet haben.

Billigflaggen

Jedes Schiff auf hoher See ist verpflichtet, seine Nationalitätszugehörigkeit durch eine Flagge anzuzeigen. Immer mehr Schiffseigner lassen ihre Schiffe aber in sogenannten Billigflaggen-Ländern registrieren. Das spart ihnen viel Geld, denn diese Staaten üben keinerlei Kontrolle über ihre Flotten aus. Für die Seeleute bedeutet dies oft sehr niedrige Heuern. Auch sind die Anforderungen an den Erhaltungszustand des Schiffes weniger streng. Vor allem Tanker laufen oft unter einer Billigflagge. Klassische Billigflaggen-Länder sind Liberia und Honduras.

Kabeljau

Seehecht

Thunfisch

Nahrung aus dem Meer

Gaben des Meeres

Jährlich werden über 100 Millionen Tonnen Fisch – die meisten davon in den Meeren und Ozeanen – gefangen und gezüchtet. Fisch ist eine wertvolle Quelle von Eiweiß und anderen Nährstoffen. Rund ein Sechstel der Weltbevölkerung bezieht das lebenswichtige Protein ausschließlich von Fisch. Die meisten dieser Menschen leben in den Küstengebieten Asiens, Afrikas und des Pazifiks.

Fischer sind die Jäger des Wassers. Von den weit über 20 000 im Meer vorkommenden Fischarten jagen sie aber nur rund 200: Fischfang lohnt sich nur dort, wo die Fische in großen, geschlossenen Schwärmen leben und massenhaft in die Netze gehen. Solche Fische sind der Hering, die Sardine, der Rotbarsch, die Makrele, der Kabeljau, der Seehecht und die Flunder. Zur Fischerei gehört auch der Fang von Weichtieren und Krebsen. Besonders schmackhafte Weichtiere sind Muscheln,

Fangfrisch schmeckt er am besten: Fischer laden ihren Fang vom frühen Morgen aus.

Goldbarsch

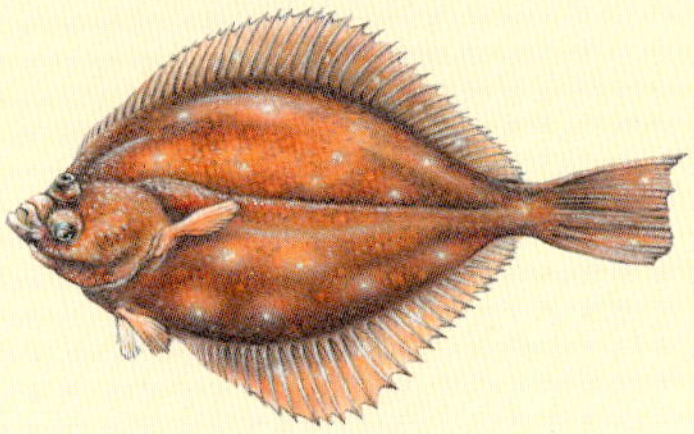

Scholle

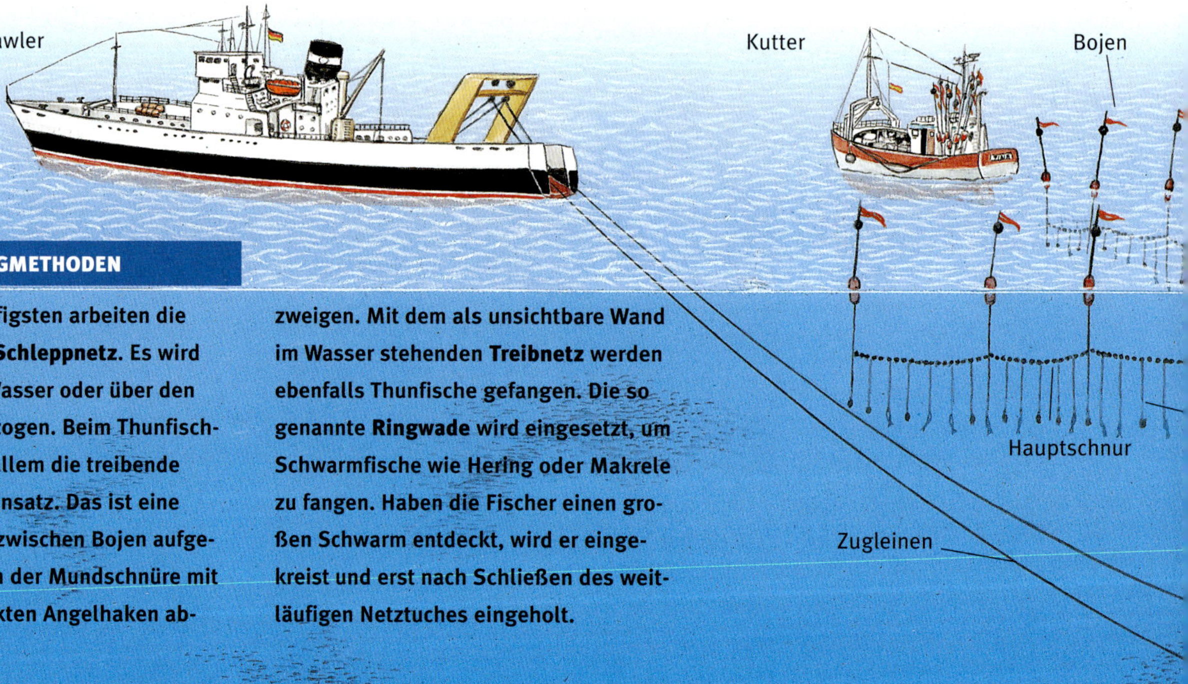

Fangmethoden

Weltweit am häufigsten arbeiten die Fischer mit dem **Schleppnetz**. Es wird durch das freie Wasser oder über den Meeresgrund gezogen. Beim Thunfischfang kommt vor allem die treibende **Langleine** zum Einsatz. Das ist eine girlandenförmig zwischen Bojen aufgehängte Leine, von der Mundschnüre mit den köderbestückten Angelhaken abzweigen. Mit dem als unsichtbare Wand im Wasser stehenden **Treibnetz** werden ebenfalls Thunfische gefangen. Die so genannte **Ringwade** wird eingesetzt, um Schwarmfische wie Hering oder Makrele zu fangen. Haben die Fischer einen großen Schwarm entdeckt, wird er eingekreist und erst nach Schließen des weitläufigen Netztuches eingeholt.

Flunder

Hering

Sardine

wie Austern und Miesmuscheln, sowie Kopffüßer, Kalmare beispielsweise. Unter den Krebsen zählen der Hummer und die Garnele zur begehrtesten Beute.
Gaben des Meeres sind auch die Algen und Tange, 70 der etwa 2 000 Arten sollen essbar sein. Viele von ihnen werden schon seit Jahrhunderten wirtschaftlich genutzt. Für Japan ist die Ernte von Tangen sogar von erheblicher Bedeutung. Sie liefern neben Nahrungsmitteln auch den Rohstoff für Agar-Agar (eine Gelatine), Jod und Alkohol. Die Rückstände kommen als Dünger auf die Felder.

Fischfarmen

Ähnlich wie die Haustiere auf dem Festland werden seit einigen Jahren Meerestiere im Wasser gehalten. Marine Aquakulturen – Marikulturen – heißen die Farmen des Meeres. Muscheln und Krebse züchtet man in ihnen, vor allem aber begehrte Fische wie Lachse und Regenbogenforellen.
Meeresfischfarmen werden meistens in ruhigen Meeresbuchten angelegt. Sie bestehen aus schwimmenden Netzgehegen, in denen in Laichbassins geschlüpfte Jungfische kontrolliert heranwachsen und oft auch maschinell versorgt werden. Während die Meeresfarmer an der deutschen Ostseeküste vor allem Regenbogenforellen mästen, bevorzugt man in Norwegen Lachse. Die „Schweine des Meeres“, wie man dort sagt, werden in 25 Meter langen Käfigen, die frei in den Fjorden treiben, gehalten. Die Fütterung erfolgt automatisch.
Marikulturen haben zahlreiche Feinde. Viren, Krankheiten und Parasiten bedrohen die Aufzucht der Tiere. Obwohl die norwegischen Lachse inzwischen maschinell geimpft werden, bleiben noch zahlreiche Probleme. Zu ihnen gehört auch, dass die klaren Fjorde mit einer gigantischen Nährstofffracht aus Kot und Futterresten belastet werden. Diese und andere Probleme will man mit der Entwicklung geschlossener Kreislaufanlagen lösen. Bis 2030 soll mehr als die Hälfte der gesamten Fischproduktion aus Fischfarmen stammen.

Makrele

Meeraal

Lachsfarmen werden in ruhigen Meeresbuchten angelegt. Sie bestehen aus schwimmenden Netzgehegen.

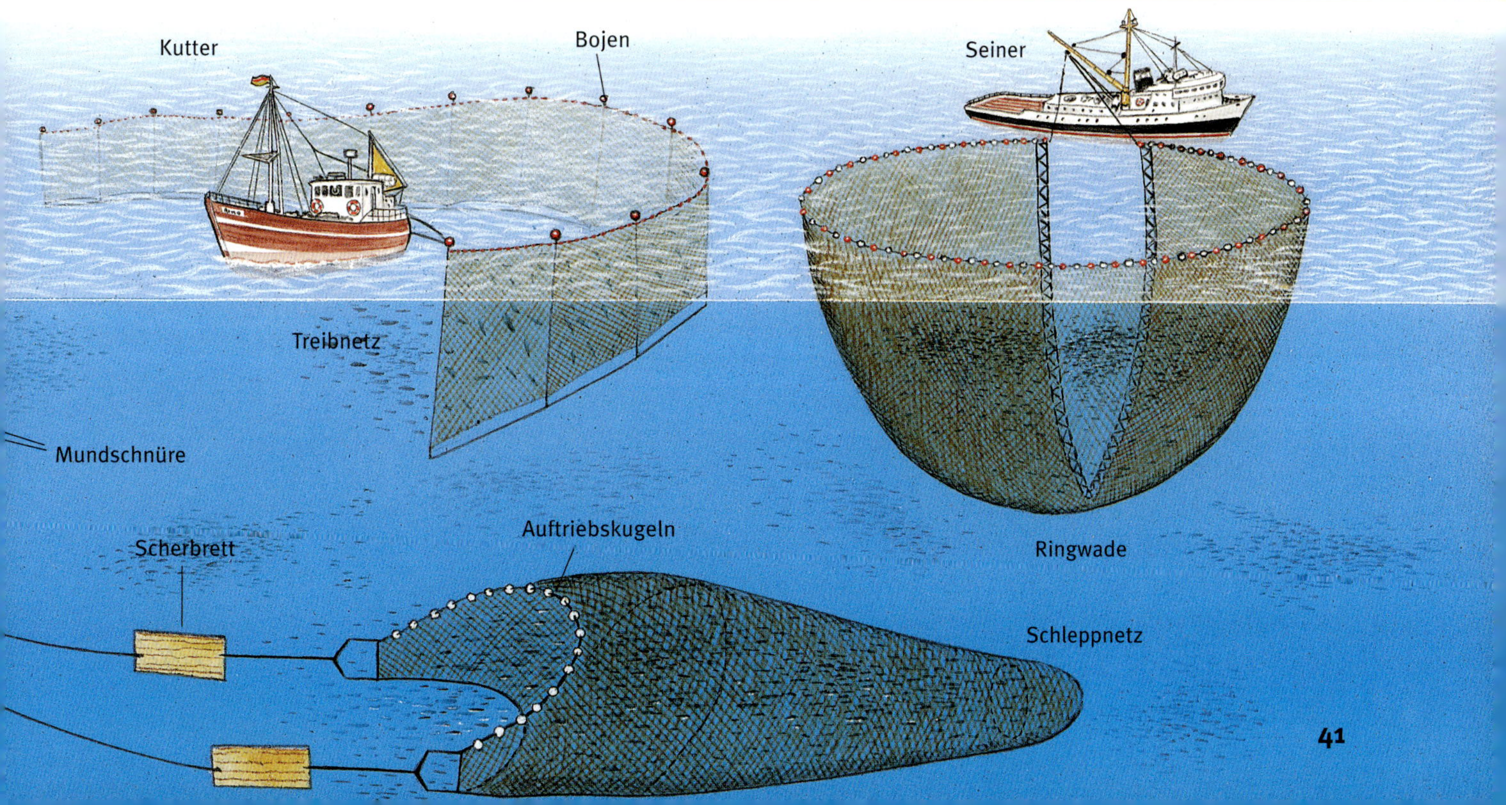

Salz und Süßwasser aus dem Meer

Außer Kochsalz, Magnesium und Brom nimmt sich der Mensch gegenwärtig nur wenig von den im Meerwasser enthaltenen Rohstoffen – der Aufwand entspricht noch nicht dem Nutzen.
Am einfachsten ist die Kochsalzgewinnung. Schon vor Jahrtausenden ließ man vor allem am sonnenreichen Mittelmeer Meerwasser in flachen künstlichen Becken, den Salzgärten, verdunsten. Die zurückbleibenden dünnen Salzschichten wurden mit hölzernen Rechen zusammengescharrt und in großen Haufen für den Verkauf gespeichert. Noch heute wird vor allem in den arabischen Ländern auf diese Weise Salz gewonnen und dadurch ein Drittel des gesamten Salzbedarfs der Erde gedeckt.

Zunehmend entzieht man dem Meerwasser aber auch das Salz, um Trinkwasser zu erhalten. Auch hier ist das älteste Verfahren das gebräuchlichste: Meerwasser wird verdampft, wobei sich salzfreies Kondenswasser – also Süßwasser – niederschlägt. Weil man dazu aber beträchtliche Mengen Energie benötigt, ist die Gewinnung von Süßwasser aus dem Meer noch sehr teuer. Und die meisten Länder Afrikas und Arabiens, in denen diese Trinkwassergewinnung notwendig wäre, sind zu arm.

Heute wie vor 1000 Jahren wird an der französischen Atlantikküste – hier bei Guerande in der Bretagne – Meersalz gewonnen.

Was sind Manganknollen?

Unermessliche Schätze breiten sich auch auf dem Meeresboden aus. Am bekanntesten sind die Manganknollen – dunkelbraune bis schwarze kartoffelähnliche Gebilde. Sie enthalten das für die Stahlveredlung wichtige Mangan, außerdem Eisen, Nickel, Titan und andere Elemente.

Die wertvollsten Knollenvorkommen lagern in landfernen Bereichen des Pazifiks in Wassertiefen zwischen 4000 und 5000 Metern. Bereits im März 1978 hatten Wissenschaftler des Forschungsschiffes „Sedco 445" triumphierend gemeldet: „Der Tiefseebergbau ist kein Traum mehr!" Die Besatzung hatte die ersten Manganknollen vom Grund des Pazifiks geborgen. Kurz darauf begann man mehrere Abbauverfahren zu entwickeln. Doch keines konnte kostendeckend arbeiten – weder die Schleppkörbe, die von Schiffen aus über den Meeresboden gezogen und dann nach oben gehievt wurden, noch die staubsaugerähnlichen Roboter, die die Manganknollen einsammelten und über eine Rohrleitung an Bord eines Spezialschiffes pumpten.

Experten sind sich aber sicher: Mit zunehmender Verknappung der Rohstoffvorkommen und neuen technischen Möglichkeiten wird man sich der „Perlen der Tiefsee" wieder erinnern.

Brennendes Eis

Im Meeresgrund lagern gigantische Mengen an Energie: Gashydrate – feste, kristalline Substanzen, die sich bei niedrigen Temperaturen und bei hohem Druck aus einer Mischung aus Gas und Wasser bilden. Die meisten der natürlich vorkommenden Hydrate enthalten das Erdgas Methan als zentrales Molekül, weshalb man auch von Methanhydrat spricht. Das „brennende Eis“, wie man sagt, kann technisch derzeit noch nicht gewonnen werden. Auch kann das Anzapfen der Lagerstätten an den Kontinentalhängen gewaltige Bergrutsche auslösen und explosive Gasblasen freisetzen.

Wie gewinnt man Öl und Gas aus dem Meer?

Der zurzeit am meisten genutzte Rohstoff des Meeres liegt gewöhnlich tief unter dem Meeresboden: Erdöl. Entstanden ist es vor Jahrmillionen aus den Resten toter Kleinstlebewesen, die auf den Meeresboden sanken und von Sedimenten luftdicht umschlossen wurden. Bakterien, steigender Druck und Wärme wandelten sie allmählich in Öl um.

Überall, wo unterseeische Erdölvorkommen vermutet werden, wird der Meeresboden sorgfältig untersucht. Hierzu dienen künstlich erzeugte Druckwellen, die zum Meeresboden gerichtet werden. Das zurückgeworfene Echo wird vom Erkundungsschiff aufgefangen. Es bietet Informationen über die geologische Beschaffenheit des Bodens. Zur Erzeugung der Druckwellen werden Airguns (Luftpulser) eingesetzt. Das sind Kapseln, in denen Stickstoff zusammengepresst wird. Wenn sie sich ausdehnen, erzeugen sie die nötige Druckwelle, mit der der Boden „beschossen“ wird.

Fachleute sind davon überzeugt, unter dem Meer noch gewaltige Mengen an Öl und Gas zu finden – mehr als auf dem Festland. Mithilfe von sicher verankerten Ölplattformen können heute schon Lagerstätten in weit über 2 000 Metern Tiefe erschlossen und ausgebeutet werden. Das modernste Ölbohrschiff, die „Deepwater Pathfinder“, kann selbst bei 20 Meter hohen Wellen den Bohrer präzise im Bohrloch halten – in 2 000 Metern Tiefe.

Ölbohrschiffe kommen in Meerestiefen von über 500 Metern zum Einsatz.

Rund 3 200 Bohrplattformen sind in den Weltmeeren verteilt, davon allein fast 500 in der Nordsee.

Lässt sich Energie aus dem Meer gewinnen?

Neben dem erschöpflichen Erdöl verfügt das Meer auch über eine unerschöpfliche Energiereserve. Sie steckt in der gewaltigen Kraft seiner Wellen, Strömungen und Gezeiten. Allein aus dem ständigen Wechsel von Ebbe und Flut ließen sich weltweit acht Billionen Kilowatt Elektrizität erzeugen. Das ist hundertmal mehr als die gegenwärtige Leistung aller Wasserkraftwerke insgesamt. Leider sind nur wenige Küsten dazu geeignet, Meeresenergie in Strom umzuwandeln.

Das erste große Gezeitenkraftwerk arbeitet seit 1966 an der französischen Kanalküste. Ein Staudamm riegelt hier die Mündung des Flüsschens Rance vom Meer ab. Der Damm wird von mehreren Röhren durchbrochen. Sie verlaufen unterhalb der Wasserlinie und enthalten je eine Turbine. Das auf- und ablaufende Wasser des Gezeitenstroms treibt diese Turbinen an.

Bis zu 500 Kilowatt Strom liefert das weltweit erste Wellenkraftwerk. Es wurde im Jahr 2000 auf der Hebriden-Insel Islay in Betrieb genommen. LIMPET (Locally Installed Marine Power Energy Transformer, also „Landinstallierter Meereskraftumwandler“) ist speziell für die Verwendung an Felsküsten ausgelegt. Ein in eine Bucht gebautes Betonbecken leitet die hereinbrechenden Wellen so um, dass die erzeugten Druckluftunterschiede Turbinen antreiben. Wellenkraftwerke galten bisher als anfällig und unwirtschaftlich. LIMPET will den Gegenbeweis antreten.

Auch mit der Meereswärme experimentieren die Fachleute. Sie wollen das 22 Grad Celsius betragende Temperaturgefälle zwischen bodennahem Wasser und Oberflächenwasser in tropischen Meeren in Elektrizität umwandeln.

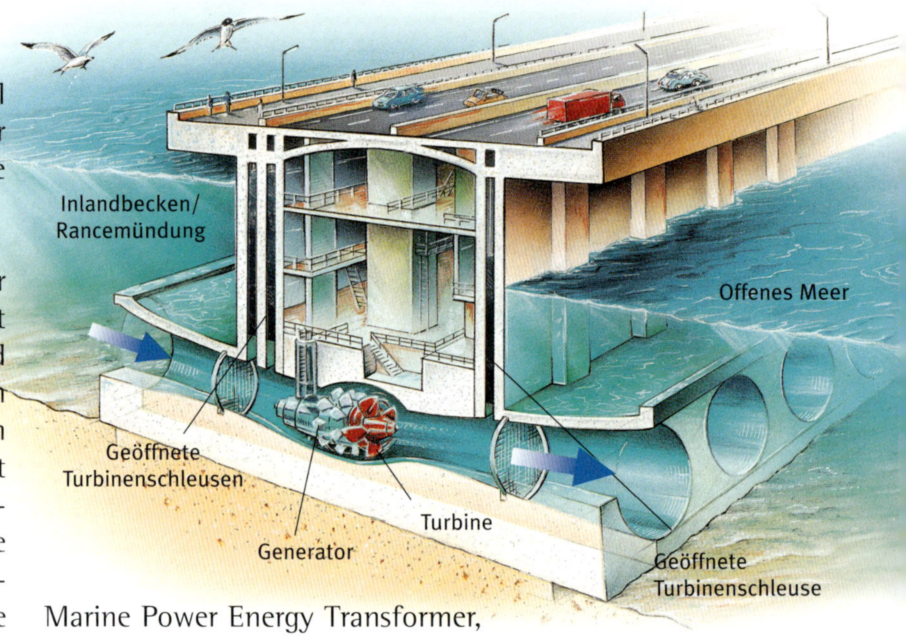

Das Gezeitenkraftwerk La Rance in Frankreich nutzt das auf- und ablaufende Wasser des Gezeitenstroms.

SEAFLOW

Das weltweit erste Kraftwerk, das die Energie von Meeresströmungen nutzt, wurde im Jahr 2003 vor der englischen Küste in Betrieb genommen. Sein Prinzip ist das gleiche wie bei der Nutzung der Windkraft: Ein Rotor wird von einem strömenden Medium in Drehung versetzt. Der Rotor von SEAFLOW ist elf Meter breit. Er dreht sich in 20 Meter tiefem Wasser und zapft die Kraft der durch Gezeiten verursachten Meeresströmungen an.

Wenn sich SEAFLOW bewährt, könnten in Zukunft weitere Unterwasseranlagen an vielen Standorten errichtet werden.

Schutz des Meeres

Beifang

Finden die Fischer ungewollt mitgefangene Meerestiere in ihren Netzen oder an ihren Haken, sprechen sie von Beifang. Das sind nicht nur unerwünschte oder zu kleine Fische, sondern auch Schildkröten, Seevögel, Robben, Wale und Delfine. Die meisten dieser Tiere verenden qualvoll in den Netzen und werden über Bord geworfen. Allein auf den Fang einer Tonne Seezunge kommen rund elf Tonnen Beifang! Jährlich landen über 30 Millionen Tonnen unerwünschten Beifangs in den Netzen der Fischer.

Robben wie diese Kalifornischen Seelöwen enden häufig in den Netzen der Fischer.

Sind die Fischgründe unerschöpflich?

Unendlich groß sind die Ozeane und unerschöpflich ist ihr wertvollster Schatz, die Fische. Diese Behauptung stimmt – wenn der Mensch dem Meer stets nur so viele Fische entnimmt, wie im gleichen Zeitraum wieder heranwachsen. Mit immer größeren Schiffen und raffinierteren Fangtechniken wird diese Grundregel aber zunehmend verletzt. Im Nordatlantik führte die jahrelange, zügellose Jagd auf den Hering sogar zu einem Zusammenbruch der Fischerei. 2006 waren weltweit nahezu drei Viertel der Speisefischbestände überfischt.

Nur wenn es gelingt, den Fischfang weltweit zu steuern, können die Meere und Ozeane vor einem weiteren Überfischen geschützt werden. Deshalb wurden für fast alle Meeresgebiete internationale Fischereikommissionen gebildet. Sie sollen helfen, die Fischbestände sinnvoll zu bewirtschaften. Dazu gehört, für die jeweilige Fischart Gesamtfangmengen, Schonzeiten und auch die Maschengrößen der Netze festzulegen. Um bis 2015 den natürlichen Bestand an Fischen weltweit wiederherzustellen, müssen außerdem die Weltfischereiflotten um mindestens 30 Prozent verringert werden.

Zu viele Fischereischiffe – hier ein Fabriktrawler – machen Jagd auf Speisefische.

Gefährliche Treibnetze

Treibnetze sind Netze, die mithilfe von Schwimmern direkt an oder unter der Wasseroberfläche gehalten werden. Durch Gewichte am unteren Rand werden sie gespannt und stehen so wie eine unsichtbare Wand im Wasser. Viele, vor allem die asiatischen Flotten, verwenden bis zu 120 Kilometer lange und 14 Meter hohe Netze. In diesen „Wänden des Todes" verfangen sich Hunderttausende von Meeresbewohnern – unglücklicherweise auch Tauchvögel, Robben und Delfine. Seit 2002 ist den Flotten der Europäischen Union in allen EU-Gewässern der Fang mit Treibnetzen verboten.

Die Treibnetze der Fischer stellen nicht selten auch für Delfine eine Todesfalle dar.

Links: Ein ölverschmutzter Tölpel. Mitte: Ölbekämpfungsübung an der Ostsee. Oben: Helfer versuchen, die 2002 von dem Öltanker „Prestige" verschmutzte spanische Küste von Ölschlamm zu reinigen.

Was ist eine Ölpest?

Am 19. November 2002 sank vor der spanischen Küste der Öltanker „Prestige". Das Schiff hatte 77 000 Tonnen Schweröl geladen. Über die Hälfte davon strömte ins Meer. Es verschmutzte 2 900 Kilometer Küste. Dieses Unglück war die achte große Tankerhavarie, die sich seit 1967 allein in Europa ereignete.

Mehr als 100 Millionen Tonnen Rohöl werden jeden Monat kreuz und quer über die Ozeane transportiert – oft in riesigen Tankern, von denen einige 500 000 Tonnen fassen können. Immer dann, wenn einer von ihnen verunglückt, droht vor allem den nahe gelegenen Küstengebieten eine Katastrophe. Das auslaufende Öl wird von Wind und Strömungen an die Küsten getrieben, vernichtet die Fanggründe der Fischer, erstickt das Tier- und Pflanzenleben und verschmutzt die Strände. Viele Jahre kann es dauern, bis die Spuren einer solchen Katastrophe beseitigt sind und die Natur sich wieder erholt hat. Deshalb versucht man, das ausgelaufene Öl so schnell wie nur möglich mit Spezialschiffen abzusaugen. Leider gelingt dies nur bei schwachem Seegang. Möglich ist auch, das Öl auf See zu verbrennen oder mit chemischen Mitteln zu bekämpfen. Ab 2015 dürfen nur noch Öltanker mit doppelwandigen Außenhüllen die Weltmeere befahren.

Eine Umweltgefahr sind auch die Havarien auf den Bohrinseln und die schleichende Verseuchung der Meere durch undichte Ölpipelines oder durch das Ausspülen von Schiffstanks auf hoher See.

Gibt es kranke Meere?

Obwohl Tankerunglücke oftmals schlimme Katastrophen auslösen, sind sie lediglich für etwa fünf Prozent der Meeresverschmutzung verantwortlich. Der größte Anteil wird den Ozeanen durch industrielle Abgase, durch die Abwässer oder in Form von saurem Regen zugeführt. So gelangen nach wie vor die in der Landwirtschaft eingesetzten Düngemittel von den Feldern ins Grundwasser, in Flüsse und danach ins Meer. Sie lassen riesige Algenteppiche wachsen. Allein im Mississippi-Delta im Süden der USA haben die Algenablagerungen bereits zu einer 6 000 Quadratkilometer großen Todeszone geführt. In ihr wurden sämtliche Schalentiere vernichtet und die Fische verdrängt.

GIFTIGE FARBE

Seit 2003 dürfen Schiffe weltweit nicht länger mit Farben bestrichen werden, die das giftige Tributylzinn (TBT) enthalten. Greenpeace bezeichnet dies als einen Meilenstein für den Meeresschutz. TBT soll verhindern, dass sich Algen oder Muscheln am Rumpf festsetzen und die Fahreigenschaften des Schiffes verschlechtern. Löst sich TBT aus der Farbe, kann es über die Nahrungskette in den Hering und damit auf den Teller kommen. Umweltschützer hatten das Gift im Schlick von deutschen Nord- und Ostseehäfen entdeckt, aber auch in Fischen, Seehunden und Wattwürmern.

Drei Freunde, acht Fragen, ein Team

Wer möchte, kann sich einem „Greenteam" anschließen. Von diesen Umweltgruppen für Kinder und Jugendliche gibt es in Deutschland schon über 2000. Sie arbeiten eng mit der internationalen Umweltschutzorganisation Greenpeace zusammen. Wenn ihr mindestens drei Freunde seid, gründet ihr aber vielleicht auch selber ein Greenteam. Wollt ihr? Dann teilt dies Greenpeace in Hamburg mit. E-Mail genügt: mail@greenpeace.de
Später, wenn ihr ein Formular mit acht Fragen ausgefüllt habt, bekommt ihr das Greenteam-Handbuch zugesendet – mit 1000 nützlichen Tipps & Tricks.

„Kids for whales" – Greenteams setzen sich für den Schutz der Wale ein.

Überdüngte Felder führten vor einigen Jahren an der Nordsee zu einer Massenblüte der Algen. Die Algenpest kostete Tausenden Fischen und Robben das Leben.

Greenpeace-Aktivisten gehen im Südpazifik gegen ein japanisches Walfangschiff vor.

Aber auch die Abwässer aus Privathaushalten schaden den Meeren. Sie enthalten nicht nur Fäkalien, sondern auch Waschmittel- und Chemikalienreste. Noch heute gelangen 85 Prozent von ihnen ungeklärt ins Mittelmeer – und mit ihnen gefährliche Krankheitserreger. Deshalb darf an manchen Stränden nur noch eingeschränkt oder gar nicht mehr gebadet werden.

Das Mittelmeer ist nur durch eine schmale Meerenge mit dem Atlantischen Ozean verbunden. Deshalb dauert es sehr lange, bis sich sein Wasser einmal erneuert hat. Meeresbiologen sprechen von 80 bis 100 Jahren – so lange können die Giftstoffe also in ihm wirken. Die schweren Verunreinigungen haben das Mittelmeer schon heute zu einem kranken Gewässer gemacht.

Ähnlich gefährdet ist die Ostsee. Auch sie wird von ihren Anliegerländern noch häufig als Abwasserbecken missbraucht. Dabei lässt sich Abwasser so weit reinigen, bis es wieder kristallklar wird!

Wie können wir dem Meer helfen?

Theoretisch ist das recht einfach: Wer Raubfischerei betreibt, wer eine Ölpest verursacht oder wer das Meer verschmutzt, müsste streng bestraft werden. Aber die Interessen der einzelnen Küstenländer sind zu unterschiedlich. So wird es wohl noch lange Jahre dauern, bis die Politiker für alle Staaten der Erde gleichermaßen geltende Gesetze und Verträge zum Schutz des Meeres geschaffen haben und für deren Einhaltung sorgen werden.

Weit wichtiger als sämtliche staatlichen Übereinkommen aber ist dies: Wir alle müssen schnellstens das Weltmeer weder als unendlich noch unverwüstlich, sondern als sehr empfindlich und störungsanfällig begreifen. Oft bedarf es dann nur wenig Mühe, sich auch entsprechend zu verhalten. Dem Meer hilft nämlich schon sehr, wer sein Leben ein bisschen ändert, wer phosphatfrei wäscht und umweltschonend heizt, wer Sondermüll trennt, kein Einweggeschirr verwendet und Lebensmittel möglichst aus kontrolliertem Anbau kauft.

Dem Meer und seinen Bewohnern hilft auch die internationale Umweltschutzorganisation Greenpeace – manchmal recht originell. So hatten sich 2002 Greenpeace-Mitglieder gegen das Auslaufen der japanischen Walfangflotte weltweit riesige Augäpfel übergestülpt: „Fahrt nicht hinaus! Die Welt beobachtet euch!" Aber auch andere Organisationen sind hier aktiv, beispielsweise die Gesellschaft zum Schutz der Meeressäugetiere mit ihrer Aktion „SOS für den Ostsee-Schweinswal". Noch viele weitere werden folgen müssen.

Glossar

Aqualunge Ein von dem französischen Meeresforscher Jacques-Yves Cousteau entwickeltes selbstregulierbares Unterwasseratmungsgerät.

Bathyskaph Im Gegensatz zur Bathysphere ist der Bathyskaph frei beweglich. Das U-Boot der Tiefsee wird von Schiffsschrauben und Elektromotoren angetrieben. Es besteht aus einer kleinen, druckfesten Kabine für die Besatzung und aus einem großen Auftriebskörper.

Beifang Den Fischern ungewollt in ihre Netze gehende unerwünschte oder zu kleine Fische, häufig aber auch Schildkröten, Seevögel, Robben, Wale und Delfine. Die meisten dieser Tiere verenden qualvoll und werden über Bord geworfen.

Bohrplattform Bei Bohrungen nach Erdöl und Erdgas unter dem Meer auf einer riesigen Plattform errichtete Förderanlage. Sie kann schwimmen oder auf dem Meeresboden stehen.

Brandung Gelangen Wellen in flaches Wasser, werden ihre sich im Kreis bewegenden Wasserteilchen vom Meeresboden gebremst – so lange, bis die immer kürzer, aber steiler und höher werdende Welle vornüber bricht und zerschellt.

Echolot Gerät zum Messen der Meerestiefe. Es sendet Schallwellen zum Meeresgrund, die als Echo zurückgeworfen und von einem Empfänger aufgenommen werden.

Eisberge Von den Gletschern auf Grönland und von den Eisfeldern Antarktikas abbrechende und ins Meer gelangende Eisbrocken und -tafeln. Weit über drei Viertel ihrer Masse befinden sich unterhalb der Wasserlinie. Sie bilden eine große Gefahr für die Schifffahrt.

El Niño Ein Wetterphänomen, das tief greifende Auswirkungen auf das Wettergeschehen der ganzen Welt hat. El Niño, „das Christkind", tritt in unregelmäßigen Abständen um die Weihnachtszeit auf. Dann verdrängt vor der peruanischen Küste warmes Wasser das kalte.

Freak Waves Die „Verrückten Wellen" sind plötzlich auftretende Riesenwellen. Sie erreichen Höhen von über 30 Metern und können selbst große Tanker und Passagierschiffe in Bedrängnis bringen.

Gezeiten Zweimal täglich steigt (Flut) und fällt (Ebbe) der Meeresspiegel. Der sogenannte „Pulsschlag des Meeres" wird durch die Anziehungskraft von Mond und Sonne sowie durch die Erddrehung ausgelöst.

Manganknollen In landfernen Bereichen, vor allem des Pazifiks, in Wassertiefen zwischen 4 000 und 5 000 Metern lagernde kartoffelähnliche Gebilde, die vor allem Mangan, aber auch Eisen, Nickel und andere Elemente enthalten.

Marikultur Das ist eine marine Aquakultur, eine Meeresfarm also. Muscheln und Krebse werden dort gezüchtet, vor allem aber begehrte Speisefische wie Lachse und Regenbogenforellen.

Meeresströmungen An der Oberfläche und in den Tiefen der Meere dauerhaft dahingleitende mächtige Wassermassen. Sie werden von der Schubkraft beständig wehender Winde (Oberflächenströmungen), aber auch durch Unterschiede in der Wasserdichte (Tiefenströmungen) angetrieben.

Ölpest Mit Öl verschmutzte Meeresgebiete und Küsten. Ursache sind in erster Linie verunglückte Tankschiffe.

Plankton Sammelbegriff für alle tierischen (Zooplankton) und pflanzlichen (Phytoplankton) Kleinstlebewesen, die im Meer größtenteils im oberflächennahen Bereich leben.

Schelfmeer Den Kontinenten vorgelagerte, nach und nach vom Wasser bedeckte Außenkante des Festlandes. Die meist lichtdurchfluteten Schelfmeere sind etwa 60 bis 200 Meter tief.

Seegang Gesamtbild aus Windsee, also den vom momentanen Wind erzeugten Wellen, und „alten" Wellen, der Dünung. Über den Seegang informiert eine neunstufige Skala.

Sturmflut Fällt der Höhepunkt anhaltend starker Stürme mit der Flut der Gezeiten zusammen, spricht man von einer Sturmflut. Sturmfluten führen oft zu Hochwasserkatastrophen.

Tauchroboter Unbemannte Tauchboote, die sich aktiv und zielgerichtet am Meeresboden bewegen können. Von eigenständigen Tauchrobotern spricht man, wenn sie völlig unabhängig vom Mutterschiff selbstständig die zuvor programmierten Aufgaben erledigen können.

Tsunami Gefährliche Flutwelle, die vor allem durch unterseeische Erdbeben und unterseeische Vulkanausbrüche entsteht. „Tsunami" ist ein japanischer Schreckensruf. Er bedeutet so viel wie „hohe Welle im Hafen".

Überfischung Fangen die Fischer durch unverantwortliche Fischerei von einer Fischart zu viel, sind die Bestände gefährdet. Es kommt zu einer Überfischung. Zahlreiche Meerestiere sind bereits jetzt schon überfischt.

Index

Hörspiele

DVDs